INTIMIDADE DA VIDA PRIVADA
E MEDIA NO CIBERESPAÇO

INTIMIDADE DA VIDA PRIVADA E MEDIA NO CIBERESPAÇO

AUTOR
Domingos Soares Farinho

EDITOR
EDIÇÕES ALMEDINA, SA
Rua da Estrela, n.º 6
3000-161 Coimbra
Tel.: 239 851 904
Fax: 239 851 901
www.almedina.net
editora@almedina.net

EXECUÇÃO GRÁFICA
TIPOGRAFIA LOUSANENSE, LDA.
3200-909 Lousã
tipograf.lousanense@mail.telepac.pt

Janeiro, 2006

DEPÓSITO LEGAL
235495/05

Toda a reprodução desta obra, por fotocópia ou outro qualquer processo,
sem prévia autorização escrita do Editor,
é ilícita e passível de procedimento judicial contra o infractor.

DOMINGOS SOARES FARINHO

INTIMIDADE DA VIDA PRIVADA E MEDIA NO CIBERESPAÇO

ALMEDINA

COIMBRA — 2006

NOTA PRÉVIA

A obra agora publicada é fruto de um relatório de mestrado elaborado no seminário de Direito Constitucional, no ano lectivo de 2002-2003, subordinado ao tema genérico da Liberdade de Comunicação Social. O seminário foi orientado pelo Professor Doutor Carlos Blanco de Morais a quem gostaria de deixar, publicamente, uma palavra de apreço e agradecimento. Com efeito, foram as suas palavras, quer como Regente da disciplina de Direito Constitucional II em que tenho a honra de ser seu Assistente, quer como Docente do Seminário de Mestrado, que me despertaram o interesse em analisar as matérias a que o presente trabalho se dedica. Ao Professor devo igualmente algumas fontes bibliográficas que despoletaram as minhas primeiras questões que conduziriam ao trabalho final.

O trabalho sofreu algumas modificações e actualizações, quer em virtude das alterações legislativas que se verificaram entretanto, quer devido a recentes contributos doutrinais que vieram enriquecer a disciplina dos Direitos Fundamentais.

Como é evidente os erros e omissões são da minha exclusiva responsabilidade. Espero apenas que o debate académico e não académico contribua para um melhoramento das minhas posições e um maior interesse pela problemática da relação entre Intimidade e Media no Ciberespaço.

INTRODUÇÃO

1. A comunicação, mais do que uma característica do ser humano, é uma sua necessidade. Todos os domínios da existência assentam em formas várias de comunicação, desde a política à estética. Neste sentido, o Homem tem procurado expandir, desde sempre, as suas formas físicas de comunicação através de meios técnicos e científicos que lhe permitam vencer barreiras de espaço e tempo. Desde a linguagem gestual, passando pela palavra escrita epistolar até aos modernos *e-mails* e MMS (*Multimedia Message Service*), temos assistido ao superar de obstáculos, quer na distância a que podemos comunicar, quer na quantidade de informação comunicada, quer na velocidade com que conseguimos comunicar essa informação.

2. Nos últimos anos temos assistido a um desenvolvimento crescente das novas tecnologias de informação. A internet, um conjunto potencial de vários milhares de computadores ligados entre si, permite-nos aceder a um mundo virtual que visa mimetizar o mundo sensorial em que nos movemos. Esse novo mundo, o ciberespaço, como também tem sido denominado, é, por um lado, um vasto reservatório de informação que coloca novos desafios e problemas, e, por outro, um importante meio de comunicação, conseguindo ampliar fortemente as possibilidades humanas, através da transmissão combinada de texto, de voz, de imagem, em múltiplos suportes.

3. Esta mimetização do mundo *offline* pelo mundo *online*, como são vulgarmente designados pelos autores que se debruçam sobre esta temática, não é mais do que o prolongamento das capacidades humanas para uma área onde o espaço deixa de ser um limite considerável (basta pensar que uma biblioteca de milhares de volumes pode caber num único CD-ROM) e onde

o acesso à informação e a sua divulgação são extremamente maximizados e facilitados.

Assim, não é de estranhar que os mesmos problemas que se colocam aos indivíduos no seu quotidiano, no que concerne à troca de informação, sua reserva e revelação e seu tratamento genérico, se coloquem igualmente no ciberespaço, que mais não fez do que forçar a adaptação às suas regras dos esquemas e meios de tratamento de informação já existentes.

No entanto, a forma como os problemas se colocam e as reacções possíveis podem ser diversas, uma vez que o acesso à informação virtual e o seu controlo obedece a processos distintos e a mecanismos próprios. Surgem então novos problemas para os quais devemos encontrar novas soluções.

O Direito não é alheio, nem deve ser, ao mundo virtual e às relações que aí se estabelecem entre os diversos indivíduos, que, a todo o momento, depositam, acedem e trocam informações.

O presente trabalho visa analisar a relação entre duas realidades há muito estudadas pelo Direito, quer autonomamente, quer em relação uma com a outra, como é aqui o caso. O direito à reserva da intimidade da vida privada e a liberdade de comunicação social enfrentam problemas próprios quando confrontados no ciberespaço, sendo comuns e de capital importância aqueles que se colocam quando ambos conflituam ou existe essa possibilidade.

Importa, pois, no dealbar deste admirável mundo novo, estudar como interagem estes dois institutos no ciberespaço, quais os problemas que colocam e como se podem solucionar.

4. Com estes objectivos apresentados importa delimitar cuidadosamente o nosso tema para que não percamos de vista os nossos objectivos muito específicos. A nossa intenção, no âmbito deste trabalho, é a de encontrar um espaço de análise próprio e muito bem delineado, que se encontra na intersecção da liberdade de comunicação social, da reserva da intimidade da vida privada e do ciberespaço.

Assim, a análise autónoma dos dois institutos referidos, bem como do ciberespaço, está fora do escopo deste trabalho. Por outro lado, atente-se que quanto a cada um dos institutos procedemos, por sua vez, a uma delimitação orientada para os fins que pretendemos analisar. Com efeito, no que diz respeito ao universo onde procuraremos a intersecção dos institutos jurídicos referidos, a sua determinação obedece a características muito claras. Não nos vinculará o contexto da informática jurídica, uma vez que não nos importa aqui estudar a relação entre o direito e computador ou mesmo redes fechadas de computadores. Já com relação a redes abertas, cujo paradigma é a internet, importa-nos a sua projecção habitável, isto é, as dimensões da internet em que poderemos encontrar intersecções entre a comunicação de massas e, logo, conflitos entre a liberdade de comunicação social e o direito à reserva da intimidade da vida privada. Quanto a estes dois direitos, procedemos também a criteriosas delimitações. Importa-nos em primeiro lugar a liberdade de comunicação social, como direito derivado da liberdade de expressão, com um objecto e conteúdo que deixaremos fundado, de acordo com os mais recentes avanços da doutrina e da jurisprudência. Do mesmo modo, quanto ao direito à reserva da intimidade da vida privada optámos por excluir a vida familiar, pois, só por si, esta temática convocaria problemas dignos de um outro trabalho, sobretudo pelas implicações na relação com as crianças no seio familiar. Assim, apenas referiremos esta dimensão do direito em análise a título exemplificativo.

Tendo estas específicas definições como farol, procuraremos os pontos de confronto entre estas três realidades, de modo a que possamos, com serenidade, enunciar as questões problemáticas e para elas procurar as melhores soluções jurídicas.

Importa explicar como trataremos o tema. Em primeiro lugar analisaremos o meio em que decorrerá o nosso estudo, dedicando a nossa atenção ao ciberespaço, ao seu conhecimento e enquadramento quanto às questões pertinentes para as matérias em estudo. Procuraremos, sobretudo, definir o conceito de ciberespaço onde decorrerá a nossa análise do conflito de direitos em questão, depurando as realidades que não interessem neste âmbito.

De seguida, estudaremos autonomamente os dois institutos em relação, com particular enfoque nas questões que importam e permitem uma melhor compreensão da articulação entre as duas realidades. Preocupar-nos-emos, não em fazer um estudo aprofundado de cada um dos institutos mas antes em recensear as suas questões fundamentais, alicerçados nos estudos mais evoluídos e recentes sobre as matérias em análise, de modo a conseguirmos retirar elementos operativos para os problemas levantados a propósito da colisão de ambos os direitos.

Nestas três partes, mais do que apresentar posições próprias e inovadoras, o que escapa ao escopo deste trabalho, pretendemos firmar posições, aderindo àquelas que achamos mais correctas e pertinentes e passíveis de serem utilizadas numa síntese final e repudiando aquelas que entendemos não servirem o nosso propósito. Claro está, onde tivermos uma posição própria que influencie as nossas posições de síntese não deixaremos de o referir. Interessa-nos, sobretudo, deixar bem claras e fundamentadas as nossas posições base com as quais pretendemos demonstrar as nossas conclusões.

Por fim, dedicaremos uma última parte do nosso trabalho à articulação dos dois institutos no ciberespaço, enunciando os principais problemas que se colocam, ensaiando soluções, problematizando a sua aplicação e retirando conclusões dogmáticas e práticas.

PARTE I

O DIREITO E O CIBERESPAÇO

1. Que relação entre direito e ciberespaço?

Todo o jurista que pretenda tratar uma matéria da sua disciplina através de uma abordagem que, por alguma forma, implique a análise do ciberespaço, deve perguntar-se das relações que entre ambos os mundos se podem e devem estabelecer. Com efeito, devido à complexidade técnica, mas também filosófica, colocada pelo mundo virtual permitido pela internet e todo um conjunto de tecnologias auxiliares, o jurista não se encontra perante mais uma área carente de regulamentação mas perante um Novo Mundo. E tal como existe um Direito, enquanto ordem do dever ser, legitimada para regular e optimizar a vida de todos os sujeitos de comunidades no mundo que conhecemos, é pertinente que se pergunte se deverá ou não o mesmo acontecer nesse Novo Mundo *online*, nesse ciberespaço, porventura, meta-real.

a. O Ciberespaço

A expressão ciberespaço foi primeiro utilizada por William Gibson no seu romance seminal, *Neuromancer* [1], de 1986. O autor criou-a a partir de uma combinação da raiz grega *cyber*, que significa controlo e da palavra inglesa *space*, significando espaço. Com este termo pretendeu o autor designar um mundo virtual, uma dimensão fechada e controlada, por oposição ao nosso mundo aberto e infinito. Nessa dimensão os sujeitos poderiam comunicar através de uma série de protocolos informáticos em que deter-

---

[1] William Gibson, *Neuromancer*, Voyager, 1986.

minariam o ambiente no qual a comunicação se processaria e transmitiria. Pretendia reproduzir-se cenários reais através do uso de determinadas regras aí vigentes mas com a introdução de variáveis não disponíveis no mundo real. Podia assim controlar-se a distância entre os comunicadores e moldar o espaço da comunicação.

O ciberespaço assenta, pois, numa complexa e luxuriante natureza artificial que o permite e possibilita enquanto verdadeiro ecossistema virtual. Para o compreendermos precisamos de enunciar os elementos que lhe servem de húmus e suporte.

I. A Informática e o Direito

O primeiro aspecto que importa deixar claro é a distinção entre informática e ciberespaço, relevante para o âmbito deste trabalho. Assim, não cuidamos aqui do cruzamento entre informática e direito, o que só por si seria uma discussão merecedora de uma disciplina e de um trabalho autónomo [2]. A nossa discussão, no entanto, importa sublinhá-lo, situa-se num plano posterior a esta discussão, num momento em que a informática serve apenas de suporte técnico a um mundo composto por milhares de computadores ligados entre si, permitindo a comunicação de informação incalculável, sob formas variadas e cujo acesso pode ser controlado pelos seus utilizadores.

II. A Internet e o Direito

Importa dar um passo mais. Sobre a relação entre os computadores e o direito, que escapa ao escopo do nosso trabalho, desenha-se ainda a relação entre a Internet e o Direito. Agora não estamos já no âmbito das relações entre os dados tratados em computador, num circuito fechado ou em redes fechadas mas, ao invés, evoluímos para a partilha de dados em rede aberta onde por isso os problemas colocados ao Direito são vários.

A Internet encontra os seus antecedentes num projecto do Departamento de Defesa dos Estados Unidos da América, denominado ARPANET (*Advanced Research Projects Agency Network*), desenvolvido em 1969, com o objectivo de criar uma rede de comunicações entre organizações científicas a trabalhar em projectos de defesa, que não ficariam assim à mercê de ataques localizados, pois a informação estaria dispersa por essa rede e acessível em qualquer ponto dela [3]. Em 1973, Vinton Cerf e Robert

---

[2] Sobre a temática da Informática e do Direito, cf. pot todos, na doutrina portuguesa, Garcia Marques, Lourenço Martins, *Direito da Informática*, pág. 11 e segs.

[3] Cf. Garcia Marques, Lourenço Martins, op. cit. pág. 50.

Kahn, desenham as fundações do que hoje é a moderna internet, que acabaria por resultar da expansão desta rede para outras áreas [4], com a criação de outra redes ligadas entre si. Nascia a Internet [5].

Estamos perante um conjunto vasto de computadores em rede aberta para outras redes, formando uma única e potencialmente infinita interligação de redes. A forma como a comunicação é feita e a informação é partilhada através destas redes – através da Rede – denomina-se protocolos. O protocolo fundamental da internet é o protocolo TCP/IP (*Transmission Control Protocol/Internet Protocol*), uma vez que permite relacionar redes com variadas características tecnológicas.

A grande vantagem da internet foi permitir, graças à sua flexibilidade, uma ampla variedade de soluções de comunicação desde a simples transmissão de ficheiros por *file transfer protocol* (FTP) até ao *e-mail*, que permite o envio de ficheiros além de mensagens de texto semelhantes ao correio clássico; surgiram também os *newsgroups*, grupos de interesses que publicam notícias sobre temas e partilham ficheiros de informação através de protocolos semelhantes aos protocolos de *e-mail*; outra área importante desenvolveu-se com base no *internet relay chat* (IRC), que permite a constituição de canais de conversação em tempo real, bem como a partilha de ficheiros; e, sobretudo, a *world wide web* (WWW), um conjunto infinito de páginas contendo informação vária, ligadas entre si por hiperligações *(hyperlinks)* [6], que permitem o visionamento continuado das mesmas. O sucesso da WWW enquanto plataforma de comunicação na internet é tal que hoje se confunde com a própria internet fazendo os utilizadores desconsiderarem ou, muitas vezes, desconhecerem outras formas de comunicação permitidas pela Rede [7].

---

[4] Swerdlow, Joel L., *Information Revolution in* National Geographic Magazine, vol. 188, n.º 4, 1995, pág. 20.

[5] Sobre as características específicas da internet, num contexto jurídico, Clive Davies, *Law and the Internet in* Computer Law & Practice, 11, 1995, pág. 106 e segs; Clive Gringas, *The Laws of the internet*, London, 1997, pág. 3 e segs; Karl-Heinz Ladeur, *Monitoring and Blocking Illegal Content on the Internet – a German and Comparative Law Perspective in* German Yearbook of International Law, 41, 1998, pág. 55 e segs; Bradford Smith, *The Third Industrial Revolution: Law and Policy for the Internet in* Recueill des Cours, 282, 2000; Stefano Nespor, *La internet e la legge,* 2ª Edição, 2001; José Pereira, *Normas Técnicas e Normas de Execução Automática na Nova Ordem Jurídica da Sociedade de Informação*, Universidade Autónoma de Lisboa, Policopiado, 1998, pág. 161 e segs.

[6] Sobre hiperligações, cf., por todos, Sofia Vasconcelos Casimiro, *Contributo para um estudo dos mecanismos de associação de conteúdos da World Wide Web – As Hiperligações*, inédito, maxime, págs. 87 a 92.

[7] Cf. Garcia Marques, Lourenço Martins, op. cit. pág. 52.

Pela sua popularidade e capacidade de multiplicação de informação, e sua difusão, a *world wide web* será a principal área do ciberespaço que nos ocupará. Ou seja, será o ciberespaço permitido e criado pela WWW o âmbito primário onde iremos estudar o cruzamento dos fenómenos de liberdade de comunicação social e de reserva de intimidade da vida privada.

b. O ciberespaço e o Direito

Uma vez chegados a este ponto cumpre responder à pergunta que deixámos enunciada no início desta Parte I do nosso trabalho: qual a relação que o Direito deve estabelecer com este mundo virtual e os seus vários continentes enunciados?

Uma das primeiras visões, tão antiga quanto o próprio ciberespaço, defende a total impermeabilidade do mundo *offline* aos ditames do Direito, erigindo o ciberespaço em zona franca, alheia a constrições humanas do dever ser. Neste sentido alguns autores defenderam um liberalismo radical para o ciberespaço enquanto mundo alternativo ao mundo real, ordenado pelo Direito [8]. Contra esta posição uma outra surgiu postulando uma organização própria do ciberespaço, um novo Direito para um novo mundo, ainda e sobretudo, com um forte pendor liberal, entendido como única forma de garantir a bondade do ciberespaço [9]. Alguns autores, porém, insurgiram-se contra aquilo a que chamam *Net-ism*, como hiperliberalismo possibilitado pela ausência de fronteiras de internet e a captação de um número infindável de sujeitos para um mercado global. Para esses autores a internet seria uma rede viciosa que importaria travar [10].

A moderna evolução da internet e das preocupações jurídicas sobre a mesma demonstra, no entanto, que, à semelhança de qualquer mundo habitado por uma comunidade de sujeitos, o Direito tem um papel natural e necessário de regulação e optimização dos interesses dos sujeitos em presença, não obstante as suas diferentes concepções quanto ao modo como proceder a essa regulação.

---

[8] São os denominados "cyberlibertarians" como John Perry Barlow da Electronic Frontier Foundation, cf. John McGuire *When speech is heard around the world: internet content regulation in the United States and Germany* in New York University Law Review, 74, 1999, pág. 773.

[9] Sobre esta matéria, como nos dá conta Jónatas Machado, cf. Neil Netanel, *Cyberspace Self-Government: A Skeptical View of Liberal Democratic Theory* in Califórnia Law Review, 88, 2000, pág. 397 e sgs.

[10] Cf. Paul Trenor, *Internet as hyper-liberalism*, em: http://web.inter.nl.net/users/Paul.Treanor/net.hyperliberal.html Link consultado pela última vez em 24 de Agosto de 2005.

O ciberespaço é hoje uma área completamente jurídica, o que não significa totalmente controlada, como aliás, acontece, com o mundo real. O Direito deve procurar reger as relações dos sujeitos em presença no ciberespaço tendo em conta as particularidades do mundo onde os interesses dos sujeitos se confrontam, moldando, por isso, direitos e deveres à luz das particulares características existentes no mundo *online*.

Esta é também a nossa premissa. A de que liberalismo não contende com jurídico, antes o guia e auxilia, e o estudioso do Direito deve, pois, procurar as melhores soluções para os problemas que existem no ciberespaço.

Por tudo o que deixámos dito até este ponto cumpre referir que o ciberespaço obriga a uma intervenção concertada do Direito que não se compadece com as fronteiras diferenciadoras existentes entre os vários ordenamentos jurídicos. Assim qualquer intervenção jurídica no ciberespaço deverá ser sempre resultado de um esforço muito intenso de concertação máxima de ordenamentos jurídicos. Com o que dizemos queremos, evidentemente, proclamar a importância decisiva do Direito Internacional nesta matéria.

2. Conclusão

O ciberespaço, tal como o entendemos no âmbito do nosso trabalho, é um mundo virtual, de características controladas, passíveis de reproduzir aspectos do mundo sensorial, com introdução de elementos originais, podendo, num futuro próximo chegar a níveis de realidade virtual semelhantes a esta realidade que experimentamos hoje, quotidianamente.

Para o fim do nosso trabalho importa-nos a dimensão fluida do espaço e do tempo bem como a determinação possível desses elementos e de todos os outros que se encontrem disponíveis no binómio espaço-tempo, como é o caso da informação. O ciberespaço, neste sentido, é um mundo alternativo ao mundo real onde a informação se encontra disponível na maioria dos formatos ditos reais mas sujeito a leis físicas diferentes. Perante esta distinção do ser importa pensar um novo dever ser jurídico, ou como desenvolver os princípios do dever ser jurídico no limite de novas questões. Serão essas questões o pano de fundo do estudo da Parte IV, onde se cruzarão liberdade de comunicação social e direito à reserva da intimidade da vida privada.

PARTE II

LIBERDADE DE COMUNICAÇÃO SOCIAL

1. O conceito de liberdade em sentido dogmático-constitucional

Ao iniciarmos o estudo da liberdade de comunicação social, no âmbito deste trabalho, devemos, antes de mais, desmistificar, claramente, o conceito de liberdade em sentido técnico-jurídico, no domínio do Direito Constitucional, agora em estudo. O conceito de liberdade, embora pareça convocar uma realidade autónoma da de direito, para o que contribui a categoria constitucional de Direitos, Liberdades e Garantias, confunde-se com ela, sendo apenas possível fazer uma distinção no plano do conteúdo.

O conceito de liberdade em sentido técnico-jurídico é equívoco e pouco estudado pela doutrina. A tendência da maior parte dos autores que estudam os Direitos Fundamentais e as questões com eles relacionadas é a de equipararem liberdade a direito, confundindo, por vezes, as duas realidades sob a categoria de direitos de liberdade. No entanto, como nos ensina Gomes Canotilho "tem de haver algum traço específico, típico das posições subjectivas identificadas como liberdades. Esse traço específico é o da alternativa de comportamentos, ou seja, a possibilidade de escolha de um comportamento"[11]. Embora possamos identificar uma categoria de direitos de liberdade, essa categoria terá como especificidade a possibilidade de opção de exercício conferida ao seu titular, ausente no conceito de direito.

O conceito de liberdade apela, pois, a uma ideia de possibilidade, de alternativa. É-se livre para realizar algo, seja a existência globalmente entendida, seja o mais específico acto.

---

[11] Gomes Canotilho, *Direito Constitucional e Teoria da Constituição*, 3ª Edição, Coimbra, 1998, pág. 1182.

Apesar da distinção que operamos e reconhecemos, entendemos, com a doutrina maioritária, que liberdade é ainda uma subespécie do direito, pelo que trataremos direito e liberdade em sinonímia, sem prejuízo da componente de alternativa que está presente nesta última. Optamos pela designação compreensiva de direitos de liberdade [12].

2. Análise da liberdade de comunicação social

Com esta precisão preambular feita importa agora iniciar o estudo dos aspectos da liberdade de comunicação social que são relevantes para o confronto com o direito à reserva da intimidade da vida privada no ciberespaço.

Antes de mais, é necessário explicar e delimitar o conceito de liberdade de comunicação social, tal como o entendemos. Na verdade, a liberdade de comunicação social a que nos referimos é uma especial qualificação da liberdade de expressão, com base em critérios valorativos que importa conhecer e precisar. Se o nosso ponto de partida é a tensão que se estabelece entre meios de comunicação social, latamente entendidos como todos aqueles que permitem a divulgação de certo tipo de informação em massa para um universo potencialmente ilimitado de sujeitos, e o resguardo da vida privada aquando do acesso a essa informação através da internet, é evidente que procuraremos uma noção de liberdade de comunicação social que tenha por critérios definitórios o tipo de informação em causa, a forma de a veicular e o universo de que é objecto.

A liberdade de comunicação social que nos interessa aqui estudar reporta-se a uma forma derivada de liberdade de expressão e liberdade de informação qualificada pelo facto do objecto ser agora, não a simples expressão do pensamento perante sujeitos interessados, não a expressão de informação no sentido de dados com relevância para um conjunto específico de sujeitos mas a expressão de informação para um conjunto alargado de sujeitos, através de meios de comunicação de massas, destinados a atingir o maior número de sujeitos possíveis, quer interessados quer não, através dos meios disponibilizados pela internet.

Neste sentido importa perceber quais as especialidades desta liberdade de comunicação social em relação à liberdade de expressão enquanto direito-mãe [13], num primeiro momento, e quais as transformações que pode

---

[12] Cf. Reis Novais, Jorge, *As restrições aos Direitos Fundamentais não expressamente autorizados pela Constituição*, pág. 133 e seguintes

[13] Cf., por todos, Jónatas Machado, *Liberdade de Expressão – Dimensões constitucionais da esfera pública no sistema social*, Coimbra, 2002, págs. 416 e segs.

sofrer pela sua adaptação ao mundo virtual. Preocupar-nos-ão ainda, a título final, os fenómenos de comunicação de massas possíveis apenas no ciberespaço, de modo a aferirmos da possibilidade de serem objecto da liberdade de comunicação social tal como hoje é entendida.

a. A liberdade de expressão

As liberdades de comunicação são variantes qualificadas, em razão de múltiplos critérios, do direito à liberdade de expressão, que assume assim a posição de direito-mãe (*cluster right*). Como refere Jorge Miranda "a liberdade de comunicação social congloba a liberdade de expressão e a liberdade de informação..."[14]. Jónatas Machado, por seu turno, afirma que "o direito à liberdade de expressão constitui o direito mãe a partir do qual as demais liberdades comunicativas foram sendo autonomizadas, tendo em vista responder às sucessivas mudanças tecnológicas, económicas e estruturais relevantes no domínio da comunicação"[15]. É justamente este o aspecto que primeiro deve ser sublinhado quando iniciamos o estudo da liberdade de comunicação social no âmbito de um trabalho subordinado ao conflito entre tal liberdade e a reserva da intimidade da vida privada no ciberespaço.

A liberdade de expressão é, antes de mais, orientada para a expressão do pensamento, próprio ou de terceiros. Este ponto fulcral em que se erige o pensamento encontra justificações várias conforme as concepções jusfilosóficas que analisarmos. Jónatas Machado elenca várias finalidades substantivas da liberdade de expressão, a saber: a procura da verdade, a garantia de um mercado livre das ideias, a participação no processo de autodeterminação democrática, a protecção da diversidade de opiniões, a estabilidade social e a transformação pacífica da sociedade e a expressão da personalidade individual[16].

Pelo elenco avançado podemos, no entanto, intuir que a liberdade de expressão não se basta apenas na comunicação de pensamentos mas se qualifica, a dado momento, como expressão e recepção de informações, isto é, de factos e pensamentos (opiniões), com maior ou menor relevo social.

---

[14] Jorge Miranda, *Manual de Direito Constitucional*, IV, 3ª Edição, 2000, pág. 456.
[15] Jónatas Machado, op. cit., pág. 416.
[16] Jónatas Machado, op. cit., pág. 237.

b. Liberdade de informação

Eis-nos, pois, perante uma segunda liberdade de comunicação, esta já derivada, a liberdade de informação, que convoca, quanto a nós, uma ideia reforçada de alteridade. Na liberdade de informação pretende-se, mais do que unilateralmente dar forma exterior a motivações e criações interiores, provocar o conhecimento de certos dados num conjunto de destinatários, pressupondo-se o interesse nesses dados.

A Constituição da República Portuguesa reconhece a liberdade de informação no artigo 37º. Aí se prevêem a liberdade de expressão e de informação. A primeira surge definida como liberdade de expressão do pensamento, afirmando-se, pois, o que vínhamos explicando. Quanto à liberdade de informação esta é definida pelo texto constitucional como sendo o direito de informar, de se informar e de ser informado.

Se quanto à liberdade de expressão, no âmbito deste trabalho, nos podemos bastar de um ponto de vista dogmático-estrutural pelo quanto deixámos dito atrás, já o que afirmámos quanto à liberdade de informação reclama desenvolvimentos ulteriores. Assim, a especial qualificação do objecto da liberdade de informação sobre o objecto da liberdade de expressão, enquanto direito-mãe, pretende fazer-se com recurso a uma ideia de informação "associada à ideia de tratamento ordenado e inteligível de dados de utilidade social, tendo em vista a sua transmissão através de um discurso articulado"[17].

No entanto, o critério que podemos encontrar nesta noção de liberdade de informação apela a uma ideia de estrutura da informação e de densificação da informação que tem necessariamente de ser valorativa. Não basta já, como na liberdade de expressão, a propositadamente vaga categoria de *pensamento*, qualificando-se esta liberdade como a possibilidade de exprimir, sem constrições, factos e valorações ou suposições sobre esses factos (opiniões). Assim, a importância social do objecto expresso para os destinatários da informação tornar-se-ia decisiva na definição do conteúdo da liberdade de comunicação, caso aceitássemos, sem mais, este critério de qualificação da liberdade de expressão em liberdade de informação.

Eis, pois, um dos primeiros aspectos controvertidos em que devemos tomar posição, sobretudo pelas repercussões que terá no objecto do nosso estudo.

Entendemos que o conceito de liberdade de informação não pode deixar de ser valorativo, como aliás não pode deixar de ser o de qualquer uma das

---
[17] Jónatas Machado, op. cit., pág. 473.

liberdades de comunicação. Simplesmente devemos colocar a tónica valorativa não num momento apriorístico de construção dogmática dos conceitos mas no momento de realização dessas mesmas liberdades. Para nós, só é possível valorar o objecto da liberdade de expressão e, bem assim, da liberdade de informação, no seu momento operativo, no eventual confronto com outros direitos e liberdades fundamentais.

Assim, liberdade de informação, embora reclame, para nós, um conceito de informação que convoca uma ideia de tratamento neutro de dados com vista a uma difusão generalizada, não reclama, contudo, a valoração dessa informação de modo a orientá-la para um ou outro conjunto de destinatários. Reclama, porém, uma orientação específica para os destinatários, que está ausente ou não é fundamental, na liberdade de expressão, onde o fulcro se encontra do lado daquele que exprime e não do lado daquele que é destinatário do pensamento expresso. Esta qualificação, que é também a diferença específica entre a liberdade de expressão e a liberdade de informação, assenta, sobretudo, numa ideia de divulgação alargada quer quanto ao conteúdo quer quanto aos destinatários. Assumimos, por isso, uma presunção implícita na liberdade de informação, a saber, aceita-se, até eventual colisão com outros bens constitucionais, que uma informação que se pretende veicular é, de acordo com o juízo feito pelo sujeito, do interesse de um dado grupo de destinatários, ainda que indeterminável à partida. Esta ideia parte de uma pré-compreensão própria que entende que apenas na livre divulgação de ideias se pode realmente testar e descobrir quais as que são do interesse de um conjunto de destinatários, sem que com isso se prejudiquem quaisquer outros, mesmo que não interessados. O exemplo que pode ser dado é o seguinte: a possibilidade de alguém livremente exprimir os seus pensamentos e ideias através de formas artísticas, como sejam a pintura, a escultura ou o cinema integram-se na liberdade de expressão, uma vez que os dados objecto de expressão não são, em regra, alvo de qualquer preocupação de tratamento quanto à abrangência do conteúdo e dos destinatários, sendo relevante apenas a motivação do seu criador e a não colisão com outros valores da ordem constitucional, nomeadamente, a integridade moral ou a reserva da vida privada. No entanto, se um artista, pretendendo divulgar as suas obras artísticas distribui folhetos com fotografias das obras e locais onde podem ser visitadas estamos já perante o exercício da liberdade de informação, na sua sub-modalidade de liberdade de informar, uma vez que a preocupação do artista não é agora de exprimir livremente as suas ideias (que já estão materializadas e expressas nas obras de arte) mas antes a de informar de uma forma abrangente a existência das suas obras. Aqui se compreende o confronto entre identidade e alteridade que reconhecemos entre a liberdade de expressão e a liberdade de informação, nas suas formas mais puras. Enquanto que a liberdade de expressão se funda na identidade do sujeito, que deseja manifestar uma sua ideia, podendo adoptar formas várias, sem preocupação com o interesse directo e imediato dos destinatários, a liberdade de informação funda-se na vontade de alteridade, em que o sujeito tem como principal interesse chegar ao outro e onde é fundamental a assimilação do dado ou dados transmitidos, que podem, aliás, nem ser originários, do sujeito emissor, que meramente serve de veículo. Como iremos ver adiante, a liberdade de imprensa e a liberdade de comunicação social (bem como outras liberdades de comunicação que possamos autonomizar) são, essencialmente, institucionalizações técnico-formais, da liberdade de informação, em que a alteridade se mantém como móbil embora se qualifiquem os meios de transmissão da informação e a capacidade dos sujeitos dessas liberdades de comunicação.

É evidente que a informação assim definida pode facilmente resvalar para o objecto da liberdade de expressão ou, através de um fenómeno de institucionalização, qualificar-se como liberdade de imprensa.

Assim desde logo compreendemos, como refere a doutrina, que a liberdade de comunicação social está no cruzamento da liberdade de expressão com a liberdade de imprensa. Isto porque a diferença entre uma e outra se encontra na intersecção da origem do pensamento expresso, da forma como os dados são tratados e do interesse dos destinatários. Aqui vale a pena recordar a fórmula constitucional: a liberdade de informação é liberdade de informar, de ser informado e de se informar.

Logo quanto à primeira sub-modalidade da liberdade de informação se colocam os problemas que referimos de intersecção de várias liberdades de comunicação. Assim, se alguém pretender simultaneamente divulgar o produto do seu pensamento, de uma forma maximizada quanto aos destinatários e com isso transmitir um conjunto de dados, que um determinado grupo de destinatários considere relevante, estamos perante uma manifestação tanto da liberdade de expressão como da liberdade de informação [18].

Já as sub-modalidades liberdade de ser informado e de se informar, convocam problemas específicos que nos afastam de possíveis coincidências com a liberdade de expressão.

Assim, a liberdade de ser informado, enquanto direito do receptor [19], convoca dois momentos de análise. Num primeiro momento a liberdade de

---

[18] Cf, sobre a aproximação entre liberdade de expressão e liberdade de informação, as sentenças do Tribunal Constitucional espanhol n.º 6/88, de 21 de Janeiro e n.º 172/90, de 12 de Novembro.

[19] Cf. Jónatas Machado, op. cit., pág. 475.

ser informado é, desde logo, uma garantia da liberdade de informar e um direito próprio de carácter negativo, na medida em que salvaguarda a dimensão de alteridade da liberdade de informar. Existindo um ou mais sujeitos que exerçam a sua liberdade de informar deve simultaneamente, e por força da intenção de atingir um conjunto potencial de destinatários interessados, proteger-se a possibilidade desses mesmos destinatários acederem à informação transmitida, assim se protegendo a comunicação global. Liberdade de informar e de ser informado são, assim, uma e a mesma realidades (como não podia deixar de ser, uma vez que são sub-modalidades da liberdade de informação) tratadas, respectivamente, da posição do emissor da informação e do receptor da informação [20].

Por outro lado a liberdade de ser informado é também um direito a uma prestação positiva, desde logo por parte do Estado, fundando-se aqui a existência de um serviço público de rádio e televisão (densificado e concretizado através de meios de comunicação social) mas também oponível a todos aqueles que tenham por missão transmitir dados ao público ou estejam de posse de informações de carácter relevante. Este último aspecto convoca, novamente, uma ideia de valoração da informação, que, também neste caso, apenas pode e deve ser aferida num momento de potencial confronto com outros valores constitucionais que exijam a sua divulgação e, logo, a verificação do direito a ser informado. No entanto, não fica excluído do objecto da liberdade de ser informado a informação que, não sendo vital para a concretização de outros valores constitucionais, ainda assim é considerada importante e necessária por um destinatário ou conjunto de destinatários. Aqui, voltamos, de novo, a realçar a dimensão negativa desta sub-liberdade de ser informado, enquanto proibição de exclusão de informações a um conjunto potencial de destinatários [21].

Por fim, atentemos na liberdade de se informar, também designada como liberdade de informação em sentido estrito, associada à ideia de acesso a fontes de informação.

Como nos ensina Jónatas Machado, este direito encontra a sua inspiração "no direito consagrado no artigo 5º/1/1 da Lei Fundamental alemã, que protege o acesso a um conjunto de fontes de informação geralmente acessíveis tão amplo quanto possível, do ponto de vista activo, enquanto procura da informação, e do ponto de vista passivo, enquanto possibilidade

---

[20] Leibholz, Rinck, *Grundgesetz für die Bundesrepublik Deutschland, Kommentar na Hand der Rechtspechung des Bundesverfassungsgericht*, I, 7ª Edição, Köln, 1989, artigo 5º, pág. 15.
[21] Cf. Jónatas Machado, op. cit. pág. 477.

de recepção da informação, independentemente do tema que esteja em causa [22].

Devido ao forte lastro histórico desta sub-modalidade da liberdade de informação algumas precisões são necessárias. A sua radicação teórica é assegurada por referência às necessidades espirituais elementares do ser humano e ao valor do livre desenvolvimento da personalidade.

No contexto do nosso estudo e de acordo com o percurso que pretendemos fazer até à liberdade comunicação social e suas características estruturais importa fixar, a propósito da liberdade de se informar alguns aspectos importantes.

Assim a liberdade de se informar, enquanto sub-modalidade da liberdade de informação, contém uma forte dimensão negativa. Pretende-se, acima de tudo, impedir que ao sujeito sejam opostas exclusões ou limitações no acesso a fontes de informação. É, pois importante, averiguar quais as fontes de informação que são objecto desta liberdade e por que forma podem os sujeitos acedê-las.

Em primeiro lugar a doutrina e a jurisprudência têm hoje uma visão abrangente do conceito de fonte, sendo qualquer elemento de onde se possa extrair informação. Já quanto à forma como essa informação pode ser acedida excluem-se todas aquelas obtidas "através da violação da privacidade, do domicílio, do direito de propriedade, do sigilo da correspondência e das telecomunicações, do acesso a documentos confidenciais"[23], entre outros. Por outro lado, e fora deste casos, qualquer proibição de acesso às fontes de informação consubstancia uma violação deste direito fundamental, quando não escorada num fenómeno de colisão de direitos, liberdade e garantias.

Associado à análise da liberdade de se informar, com a componente fortemente negativa que aqui estamos a sublinhar, está também uma dada componente positiva de mais fraca intensidade, concretizada na intervenção estatal, no sentido de proteger as fontes de informação, quer através da criação de arquivos quer através de outras formas de protecção dos procedimentos de acesso às fontes.

É a propósito da liberdade de informação e, muito especificamente, da liberdade de se informar, que devemos analisar as formas de restrição legal do acesso às fontes de informação, ou seja, a problemática da censura. No entanto, devido ao especial objecto deste trabalho que pretende analisar o confronto da liberdade de comunicação social com a reserva da intimidade

---

[22] Cf. Jónatas Machado, op. cit., pág. 478.
[23] Jónatas Machado, op. cit., pág. 481.

da vida privada no ciberespaço, iremos proceder à análise da problemática da censura, a propósito dos mecanismos de controlo da liberdade de comunicação social quando em potencial violação da reserva de intimidade da vida privada. Assim se procederá, por consequência, à determinação do conteúdo da liberdade de comunicação social, na medida em que a censura possível se fará para lá do conteúdo possível desta liberdade.

c. Liberdade de imprensa

A liberdade de imprensa é atingida, não devido a uma derivação dogmático--constitucional, uma vez que o percurso referente à liberdade de imprensa é idêntico ao das duas liberdades analisadas mas porque procedemos, novamente, a uma particular qualificação da liberdade de expressão, alicerçada na densificação referente a essa liberdade, conjuntamente com a liberdade de informação. Queremos com isto dizer que o que permite fazer a passagem distintiva entre liberdade de expressão e de informação a liberdade de imprensa é a forma institucionalizada [24] (critério formal [25]) como se procede à difusão da informação – através de meios de comunicação de massas – e a maior ponderação da relevância da informação (critério material [26]), ou seja, regressamos aqui à problemática da valoração do objecto das liberdades de comunicação.

Com relação aos elementos qualificativos identificados, a saber, a forma como se procede à difusão da informação e a natureza e conteúdo dessa informação importa recuperar uma importante distinção doutrinária entre imprensa em sentido restrito e imprensa em sentido lato, que, aliás, nos permitirá ensejar uma qualificação da liberdade de comunicação social, problematizada enquanto categoria potencialmente autónoma.

A liberdade de imprensa em sentido restrito, tal como definida pela doutrina, assenta nos critérios formal e material que atrás deixámos elencados, o que leva Gomes Canotilho e Vital Moreira a afirmarem que "em sentido estrito, seria imprensa, segundo o primeiro critério (formal), apenas a imprensa escrita, a comunicação impressa (jornais, revistas, etc.), trabalhada por profissionais da informação – jornalistas; e de acordo com o segundo critério (material), apenas a comunicação que revestisse determinada natureza (por ex., informação ou formação política, ideológica e cultural)" [27].

---

[24] Cf. Jorge Miranda, op. cit., pág. 456.
[25] Cf. Gomes Canotilho e Vital Moreira, op. cit., pág. 229.
[26] Cf. Gomes Canotilho e Vital Moreira, op. cit., pág. 229.
[27] Gomes Canotilho e Vital Moreira, op. cit. pág. 229.

Já a liberdade de imprensa em sentido amplo respeitaria a qualquer meio de comunicação social, independentemente da natureza e conteúdo da comunicação.

A liberdade de imprensa acolhida no artigo 38º da Constituição é a liberdade de imprensa em sentido amplo, com recurso ao primeiro elemento qualificativo, ou seja, a forma como se difunde a informação, não se fazendo qualquer valoração material. Mas tal conclusão não deixa, ainda assim, de colocar algumas questões.

Apenas com recurso ao critério formal – meios de comunicação – poderíamos classificar a noção constitucional de liberdade de imprensa num sentido amplo, como deixámos dito, uma vez que a Constituição refere expressamente imprensa e meios de comunicação social, referindo a radiodifusão e a radiotelevisão – artigo 38º da CRP. O critério material parece estar ausente do conceito constitucional de liberdade de imprensa, uma vez que não há qualquer referência constitucional à natureza ou conteúdo que a informação deve revestir, confirmando, assim, o sentido amplo, consagrado pela Constituição. No entanto, formalmente, o legislador pronuncia-se ainda, sobre o modo como a informação pode e deve ser tratada: através de uma categoria profissional própria – cf. o n.º 2 do artigo 38º da CRP, o nº. 1, da Lei n.º 1/99, de 3 de Janeiro – Estatuto dos Jornalistas e o n.º 1, do artigo 2º da Lei n.º 2/99, de 3 de Janeiro – Lei da Imprensa. Neste sentido, a Constituição admite, em paralelo com a sua noção formal e materialmente ampla, um sentido estrito baseado num critério formal de imprensa, enquanto actividade jornalística praticada por profissionais especializados [28].

Esta distinção é por demais relevante pois sempre que estejamos no domínio da liberdade de imprensa em sentido amplo, que como dissemos, é o sentido constitucional, devemos perguntar qual o espaço normativo dos preceitos referentes à actividade jornalística. O problema está na dissociação entre meios de comunicação, critério decisivo do sentido amplo e categoria profissional de jornalista, critério determinante para o sentido restrito de liberdade de imprensa. Ou seja, nem todos os meios de comunicação são compostos e integrados exclusivamente por jornalistas, sendo pertinente perguntar se nesses casos se aplicam as normas a eles respeitantes.

---

[28] É comum considerar-se ainda a imprensa em sentido estrito como estando relacionada com a imprensa escrita, excluindo outros meios de comunicação, no entanto, esta aproximação é cada vez mais despicienda quando confrontada com a realidade, não se compreendendo qual a mais valia técnico-jurídica que assim se consegue. Neste sentido e alertando para a confusão entre imprensa escrita como sentido estrito e meios de comunicação enquanto imprensa em sentido lato, cf. Jónatas Machado, op. cit., pág. 508 e 509.

Esta questão, como iremos ver, é tanto mais importante, quanto o facto de na *world wide web* se poderem criar verdadeiros meios de comunicação – convocando por isso a liberdade de imprensa em sentido amplo – utilizados por quaisquer sujeitos, não habilitados como jornalistas – e por isso escapando ao conceito de liberdade de imprensa em sentido restrito.

Verdadeiramente a questão que hoje se coloca ao jurista é a de ponderar a melhor forma de estender as normas respeitantes à liberdade de expressão em sentido restrito – aplicáveis a jornalistas – ao maior número de indivíduos que utilizem, dentro de certos critérios, meios de comunicação social.

Temos para nós que a liberdade de imprensa em sentido próprio, como conceito que se quer específico e operativo, deve hoje ser cuidadosamente qualificada de modo admitir os casos reclamados pelos novos meios de comunicação – a radiodifusão e a radiotelevisão – e, sobretudo, os novíssimos meios de comunicação, associados à internet [29]. Tal como "parece razoável, [...] ver a liberdade de imprensa como um modo de ser qualificado das liberdades de expressão e de informação (art. 37º-1)" [30] também poderá parecer razoável ver, no seio da liberdade de imprensa, uma liberdade de comunicação social que convoque as questões específicas provocadas por outros meios de comunicação. Isso mesmo se discutirá no ponto seguinte, a propósito da denominada liberdade de comunicação social. A este respeito a doutrina trata, muitas vezes, liberdade de imprensa e liberdade de comunicação social em sinonímia devido ao carácter amplo que reconhecem na noção constitucional de liberdade de imprensa. Jorge Miranda refere liberdade de comunicação social quando pretende distinguir liberdade de expressão e informação e liberdade de imprensa [31]. Pensamos, no entanto, como deixámos já afirmado, que podemos ir mais longe e tentar encontrar um lugar específico do ponto de vista dogmático para a liberdade de comunicação social, sem prejuízo de uma noção ampla de liberdade de imprensa que continuará a ser alargada, de acordo com um critério formal, a todos os meios de comunicação de massas [32].

A liberdade de imprensa convoca, contudo, uma segunda dimensão, na medida em que se erige como elemento simultaneamente estabilizador e

---

[29] É de notar, contudo, que estes novíssimos meios de comunicação são, o mais das vezes, formas híbridas que conjugam clássicos e novos meios de comunicação – texto, som e imagem – com os suportes digitais proporcionados pelo ciberespaço. Ainda assim, o resultado final não se pode reconduzir, como demonstraremos, aos meios de comunicação que conhecemos até há algumas décadas.

[30] Gomes Canotilho e Vital Moreira, op. cit. pág. 230.

[31] Cf. Jorge Miranda, op. cit., pág. 453 e segs.

[32] Neste sentido, Jónatas Machado, op. cit., pág. 507.

dinamizador da ordem democrática. É este o aspecto que explica a preocupação com um critério material, em que se analisa a natureza e o conteúdo da informação. Esta dimensão deve ficar sublinhada uma vez que servirá para compreendermos a busca de critérios rectores que entendemos dever presidir à solução de conflitos entre a liberdade de comunicação social e a reserva da intimidade da vida privada. Isto é, o enorme poder que é reconhecido e atribuído à imprensa, e por esta aceite, através do objecto, conteúdo e alcance da liberdade de imprensa dever ser manejado com cautela quando puder servir fins para os quais não foi estruturada. Admitimos, pois, determinadas operações valorativas referentes à utilidade da informação e aos fins a que se destinam, o designado interesse noticioso, que vem hoje sendo recuperado, mesmo pelos autores mais liberais [33]. Estes dois critérios conjugados devem oferecer o quadro valorativo onde se devem resolver os conflitos atinentes às liberdades de imprensa (como veremos, consideramos a liberdade de comunicação social uma subespécie, de 2ª geração, da liberdade de imprensa, entendida em sentido lato [34]) sem que, no entanto, se confunda esta procura de critério de ponderação com uma qualificação da liberdade de imprensa com recurso a critérios materiais. O que defendemos é justamente o contrário. Deve a liberdade de imprensa, na sua construção dogmática estar ausente de preocupações valorativas mas tal não deve significar (como nem poderia à luz dos critérios de ponderação constitucionais) que essas valorações não sejam utilizadas num momento posterior, em que se reconheçam potenciais conflitos, para determinar o seu regime jurídico [35] [36].

Assim, a liberdade de imprensa, enquanto subespécie da liberdade de expressão e informação não deixa de se qualificar inovatoriamente pelo grau de institucionalização que exige aos seus sujeitos – a problemática dos jornalistas como únicos sujeitos da liberdade de imprensa ou a existência

---

[33] Cf. Jónatas Machado, op. cit., págs 237 a 291 e 506 a 510.

[34] No que concordamos com Jónatas Machado, op. cit., pág. 518. Cf., também, Paschke, *Medienrecht,* Berlin, 1993.

[35] Neste exacto sentido cf. Jónatas Machado, op. cit., pág. 510.

[36] "A recente lei que cria a Entidade Reguladora para a Comunicação Social (Lei n.º 53/2005, de 8 de Novembro) apela a uma valoração da actividade jornalística. Assim, quanto aos objectivos da regulação, na alínea d) do artigo 7º dos Estatutos da ERC referem-se "critérios de exigência e rigor jornalísticos" e fala-se de "responsabilidade editorial"; também na alínea a), do n.º 3, do artigo 24º, cuja epígrafe é "competências do conselho regulador", se referem competências "em matéria de rigor informativo e de protecção dos direitos, liberdades e garantias pessoais", desde logo, se pensa no direito à reserva da intimidade da vida privada. Caberá a esta nova entidade reguladora independente, juntamente com a jurisprudência, desenvolver e concretizar estes conceitos e categorias previstos na lei."

de outros sujeitos equiparados [37] – e, mesmo, pela exigência de criação de entidades específicas no seio das quais se exerce a liberdade de imprensa (v.g., empresas editoriais, de radiodifusão ou de radiotelevisão).

O objecto da liberdade de imprensa no seu sentido mais amplo é, pois, a expressão de dados ou conjunto de dados através de um ou mais meios técnicos de difusão, sob forma escrita, sonora ou visual, com possibilidade de combinação das mesmas. No seu sentido restrito a liberdade de imprensa respeita ao acesso às fontes, tratamento e difusão de informação por jornalistas.

O conteúdo da liberdade de imprensa com este objecto é impossível de determinar à partida, devido ao critério formal utilizado, que visa, justamente, impedir que, aprioristicamente, na definição do objecto se possa substituir o emissor ou conjunto de emissores – os jornalistas ou sujeitos equiparados – na definição dos dados relevantes para os destinatários.

d. Liberdade de comunicação social – conceito autónomo ou variação da liberdade de imprensa?

O conceito dogmático de liberdade de imprensa tal como aqui o apresentámos e criticámos, de acordo com os mais recentes avanços da doutrina e precisões da jurisprudência é suficientemente plástico para excluir, desde logo, a necessidade de procurarmos novas liberdades de comunicação autónomas que protejam as diferentes formas de comunicação social que vão surgindo. O recurso à densificação específica reclamada por cada um dos meios de comunicação através do estudo de subespécies da liberdade de imprensa permite-nos ainda utilizar conceitos operativos precisos sem que tenhamos de criar novas categorias dogmáticas autónomas. Assim, a liberdade de comunicação social, longe de ser uma outra liberdade de comunicação é ainda a liberdade de imprensa, no seu mais lato sentido, analisada a partir de um enfoque que pretende abandonar claramente quaisquer influências da imprensa em sentido restrito para poder incluir todos os meios de comunicação através de quaisquer suportes. Assim, se convoca também a problemática atrás apresentada da relação entre os novos meios de comunicação social, e não apenas a imprensa escrita e os indivíduos que a podem exercer nesses contextos [38].

---

[37] Esta problemática é particularmente importante na medida em que, como debateremos na Parte IV deste trabalho, a oposição jornalista/não-jornalista e os critérios de acesso à profissão tenderão a tornar-se o factor distintivo entre os sujeitos da liberdade de comunicação social e os sujeitos da liberdade de expressão e informação. Cf, a este propósito, a Lei da Imprensa e o Estatuto do Jornalista, já mencionadas.

[38] Questão que está, aliás, superada quanto à própria liberdade de imprensa como se pode concluir pela análise da Lei da Imprensa e do Estatuo do Jornalista.

Com estas precisões feitas a nossa opção pelo conceito liberdade de comunicação social é, sobretudo, terminológica, de modo a que não exista a tentação de pensar a liberdade de imprensa em moldes clássicos mas se analisem os fenómenos de comunicação de massas projectados através dos mais novos e poderosos meios de comunicação[39].

No entanto, neste contexto, uma pergunta deve ser colocada: a liberdade de comunicação social, enquanto acepção mais ampla da liberdade de imprensa, quando exercida no ciberespaço é ainda liberdade de comunicação social ou, devido à utilização de um mundo virtual, com diferentes regras e potencialidades devemos aí reconhecer uma nova forma de liberdade de comunicação?

A resposta a dar é, em bom rigor, que nos encontramos ainda a exercer a liberdade de comunicação social quando o fazemos no ciberespaço. O mundo virtual, em si mesmo, não é um meio de comunicação, mas um universo de comunicação onde são integráveis, à semelhança do que acontece no mundo real, vários meios de comunicação. Porém, se o estudo das liberdades de comunicação sempre se fez à luz das regras e constrições que identificamos e conhecemos no mundo *offline*, aquando de um estudo subordinado ao tema da liberdade de comunicação no ciberespaço torna-se fundamental converter, onde possível, os ensinamentos sobre essa liberdade, bem como diagnosticar as novas regras, apenas presentes no mundo *online*[40].

3. Liberdade de comunicação social e ciberespaço

O principal problema para o estudo da liberdade de comunicação social no ciberespaço prende-se com as noções de liberdade de imprensa em sentido estrito e em sentido lato. Como fazer coincidir os meios de comunicação presentes no ciberespaço – liberdade de comunicação social em sentido lato – com a protecção concedida aos jornalistas – liberdade de imprensa em sentido restrito? Várias são as hipóteses compaginaveis.

Estudámos já, no ponto anterior, que ao preferirmos liberdade de comunicação social sobre liberdade de imprensa estávamos, justamente, a querer superar um desfasamento jurídico que a distinção entre ambos os sentidos da liberdade de imprensa contém. Pretendemos que liberdade de comuni-

---

[39] Meios esses que, aliás, permitem, muitas vezes, à imprensa em sentido restrito multiplicar-se para além das possibilidades reais, através do mundo virtual.

[40] Questão fundamental a analisar será a necessidade de estender a liberdade de comunicação social a realidades virtuais que compartilhem características com os sujeitos da liberdade de comunicação social, como pode ser o caso das páginas pessoais na internet.

cação social signifique a liberdade de tratar, desenvolver e difundir informação através de qualquer meio de comunicação social. No entanto, mantém-se o problema da extensão das regras aplicáveis aos jornalistas a todos os meios de comunicação social. O problema transfere-se assim para a noção de meio de comunicação social e subsequente adaptação das regras de acesso à categoria profissional de jornalista ou extensão dessas mesmas regras sob certas condições. Admitida esta extensão [41], qual deve, no entanto, ser o limite? Como podemos determinar, com segurança, um domínio da liberdade de comunicação social, em que se considerem, simultaneamente, novos meios de comunicação e as garantias jurídicas atribuídas aos jornalistas enquanto profissionais de comunicação social? Parece-nos que o critério distintivo se encontra na convergência da institucionalização anteriormente exigida – a necessidade de uma estrutura empresarial – e a formalização das actividades de comunicação social – através da criação da categoria de jornalista.

De *jure condito* nenhum indivíduo, autonomamente considerado, pode ser sujeito da liberdade de comunicação social em sentido restrito, uma vez que é exigido o crivo da institucionalização – n.º 1 do artigo 1º do Estatuto dos Jornalistas – e a admissão como jornalista, mediante um estágio – artigo 5º do Estatuto dos Jornalistas. No entanto, uma vez admitidos como jornalistas – esta formalização é o elemento fundamental da liberdade de comunicação social em sentido restrito – é de admitir que, por qualquer meio escolhido pelo jornalista, exista sempre exercício da liberdade de comunicação social, quando desenvolvida como actividade própria remunerada, pois o sentido restrito e amplo sobrepõem-se.

O modelo que agora estamos a delinear já existe no ciberespaço. Um sujeito com um mínimo de conhecimentos em processamento de texto pode, gratuitamente, criar a sua própria página na internet e usá-la como forma de divulgar conteúdos em tudo semelhantes aos que um jornalista poderia fazer numa edição em papel de um jornal ou numa edição electrónica desse mesmo jornal. Como refere Jónatas Machado tal "implica um regresso ao paradigma individualista [que] permite a cada indivíduo "nascer de novo" para a comunicação, podendo ter aí um impacto até há pouco impensável" [42]. Esta situação é complicada pela confusão que por vezes existe entre o jornalista integrado num meio de comunicação social (que dispõem de edição electrónica) e o mesmo jornalista enquanto autor de uma página pessoal na internet.

---

[41] Tal como é admitida no n.º 1 do artigo 1º do Estatuto do Jornalista.
[42] Jónatas Machado, op. cit., pág 1105.

Vejamos pois as hipóteses que se configuram no ciberespaço:

(i) Transposição dos meios de comunicação, ditos clássicos, imprensa escrita, rádio e televisão para o ciberespaço.

Aqui nenhum problema novo se coloca quanto à natureza destes meios de comunicação ou quanto ao exercício da liberdade de comunicação social pelos seus jornalistas. As empresas que operam no mundo *offline* passam a operar no mundo *online*, existindo apenas uma adaptação dos vários meios de comunicação a esse mundo. No que diz respeito à liberdade de comunicação social em sentido restrito, isto é, a actividade jornalística no ciberespaço, esta é a situação paradigmática de total extensão de competências. Apenas o suporte tecnológico varia mas continuam a respeitar-se os requisitos de institucionalização e formalização da actividade de comunicação social, havendo, por isso, uma identificação entre liberdade de comunicação social em sentido estrito e amplo;

(ii) Utilização de páginas pessoais por jornalistas, enquanto extensão da sua actividade, embora não inserida num meio de comunicação social [43].

Pensamos que se um jornalista exercer a sua actividade, de modo remunerado, explicitamente, numa página pessoal (cujo o paradigma são os *blogs* [44]), com determinada regularidade, está a exercer a sua liberdade de

---

[43] Estamos aqui a pensar no caso de jornalistas independentes, ditos *freelancers*.

[44] "Uma palavra é necessária para introduzir a temática dos denominados *blogs*, palavra resultante da contracção de web com log, expressão que significa em inglês, diário na world wide web. O blog é, pois, uma página pessoal com as características de um diário, podendo ser actualizado a qualquer momento e mantido por uma ou mais pessoas. Os *blogs* começaram paulatinamente a captar a atenção daqueles que se moviam na WWW e, posteriormente, de todos aqueles que, não tendo capacidade ou conhecimentos para ter uma página própria, desejavam manter um sítio seu ainda que alojado num fornecedor de conteúdos. Essa é, aliás, a grande virtude dos *blogs*: retirar do utilizador toda a preocupação com aspectos técnicos de manutenção de uma página, bastando-lhe conhecimentos básicos.

Os Estados Unidos da América são um bom exemplo de expansão dos *blogs* no meio jornalístico. Muitos jornalistas mantêm, paralelamente ao seu trabalho num jornal, rádio ou televisão, um *blog* com características vincadamente noticiosas, conseguindo em muitos casos, tantos visionamentos quanto o meio de comunicação no qual trabalham. Cf, a este propósito, http://www.cyberjournalist.net/cyberjournalists.html O Brasil serve de exemplo para darmos um passo mais. Neste país a expansão dos *blogs* atingiu também a comunidade jornalística, com muitos profissionais mantendo o seu próprio *blog* ao serviço do meio de comunicação para que trabalham. Cf. vg. o *blog* do jornalista do Globo, Luiz Gravatá, http://oglobo.globo.com/online/blogs/gravata (é necessário registo). Em Portugal o fenómeno de expansão dos *blogs* é recente, tendo sobretudo acontecido a partir do primeiro trimestre de 2003. Vários jornalistas e colunistas de jornais portugueses mantêm *blogs*, com informação

comunicação social em sentido amplo e não somente a sua liberdade de expressão e de informação. Isto porque, para nós, o elemento decisivo da qualificação do objecto da liberdade de comunicação social, em sentido amplo, não é a institucionalização empresarial do meio mas a potenciação dos destinatários atingidos pela informação, conjugada com determinado tratamento da mesma, mediante recurso a meios de comunicação de massas. É esse o sentido encontrado na Constituição, como demonstrámos.

No entanto, esta extensão que se pretende encontrar no seio da liberdade de comunicação social, em sentido amplo, pode, neste caso, ser igualmente estendida à liberdade de comunicação social em sentido restrito. Assim, muitas das garantias associadas aos jornalistas no exercício da sua liberdade de comunicação social devem ser aplicáveis, não obstante o meio de comunicação utilizado.

Este entendimento só poderá ser contrariado nos casos em que o jornalista exerça a sua actividade no ciberespaço, de forma não remunerada, por se encontrar preterido um dos elementos de qualificação da categoria jornalística. Eis o que preceitua o n.º 1 do artigo 1º do Estatuto do Jornalista, ao caracterizar essa actividade, exigindo que ela seja remunerada.

---

alternativa àquela que veiculam através dos meios de comunicação aos quais estão associados, em grande parte dos casos sem qualquer relação com a sua actividade profissional. É o caso do colunista do Público e historiador, José Pacheco Pereira em http://abrupto.blogspot.com; José Mário Silva, jornalista do Diário de Notícias, em http://morel.weblog.com.pt; Nuno Miguel Guedes, jornalista freelancer, em http://traducaosimultanea.blogspot.com; ou ainda http://webjornal.blogspot.com, um *weblog* criado no âmbito do Mestrado em Informação e Jornalismo da Universidade do Minho e mantido por professores e jornalistas. Importante é reconhecer, no entanto, que nos três países avançados como exemplos, os *blogs* dos jornalistas estão entre os mais lidos a par com tantos outros pertencentes a sujeitos carecendo de qualificação formal como jornalistas. Isto deve levar-nos a perguntar qual a natureza de um *blog* de um jornalista, assumido como tal (oposto a um *blog* cujo autor, sendo jornalista não assuma aí essa actividade profissional) e qual a natureza de um *blog* que, mantido por um sujeito não jornalista, obtém uma quantidade apreciável de visionamentos? Devendo colocar-se ainda uma questão ulterior de saber qual o critério, se critério deve haver, para qualificar um *blog* como meio de comunicação de massas. Pensamos que quando um jornalista exerce a sua actividade, explicitamente, num *blog*, está a exercer a sua liberdade de comunicação social e não somente a sua liberdade de expressão e de informação. Este entendimento é, porém, contrariado pela lei. No n.º 1 do artigo 1º do Estatuto do Jornalista, ao caracterizar-se essa actividade, exige-se que ela seja remunerada, pelo que a maioria dos *blogs*, páginas de acesso gratuito, mesmo que sendo meios de comunicação social, e o seu autor jornalista, não possibilitam a manifestação da liberdade de comunicação social, pelo menos em sentido estrito. Assim, sempre se afiguraria impossível a um não-jornalista vir a sê-lo pela mera escrita de um *blog*, uma vez que a lei exige requisitos formais que este não poderia cumprir, a saber um estágio profissional, nos termos do artigo 5º do Estatuto do Jornalista."

A maioria dos *blogs* existentes em Portugal e mantidos por jornalistas portugueses são páginas de acesso gratuito. Assim os seus autores não estão protegidos pelas normas respeitantes à liberdade de comunicação social em sentido restrito.

O mesmo se diga dos indivíduos que não são jornalistas em qualquer meio de comunicação quando decidem retomar a sua actividade jornalística através da criação e manutenção de uma página pessoal, com as características ou não de um *blog*, para publicitar informações com o intuito de as dar a conhecer ao maior número de pessoas possível.

(iii) Utilização de páginas pessoais por jornalistas, embora não associados à sua actividade profissional.

Aqui entendemos que nos encontramos já fora do âmbito da liberdade de comunicação social, mesmo que a página pessoal do jornalista seja de grande divulgação. A discussão que apresentámos em torno da densificação dos conceitos de liberdade de informação e liberdade comunicação social permitem-nos distinguir entre um carácter inter-subjectivo da liberdade de informação e um carácter inter-subjectivo institucionalizado da liberdade de informação, onde embora o elemento formal seja decisivo tem de ser levado em conta o fim (não já a natureza) da comunicação. No caso agora em apreço o jornalista não exerce, através da sua página pessoal na WWW, a sua actividade profissional não estando por isso em causa o *tatbestand* das normas da liberdade de comunicação social. Evidentemente podem surgir situações de fronteira, em que um jornalista divulgue uma informação numa sua página pessoal, anunciada como tal, que se revele de interesse noticioso, mas esta qualificação é sempre casuística, sendo impossível estabelecer critérios aprioristicos de determinação do conteúdo da informação veiculada, para além do próprio fim anunciado pelo seu autor. Daí a razão da distinção entre páginas pessoais de jornalistas onde se prossiga a sua actividade profissional e páginas pessoais onde essa actividade não seja prosseguida.

(iv) Utilização de páginas pessoais por não jornalistas, com fins noticiosos.

A situação reconduz-se ao que dissemos anteriormente, sem, no entanto, estarmos dependentes de uma confrontação casuística da natureza da informação para que assim se possa determinar se o jornalista a veiculou como notícia ou como mera informação, exercendo, respectivamente, a liberdade de comunicação social ou a liberdade de informação.

Porém este ponto convoca o que dissemos anteriormente sobre as mais fundamentais questões da liberdade de comunicação social no ciberespaço.

Para se cumprir a orientação constitucional de exigência de uma liberdade de comunicação social formal ampla defendemos que esta deve existir de modo abrangente em relação a todos os meios de comunicação social sem constrições dogmáticas de carácter material.

A categoria de jornalista no ciberespaço onde a institucionalização é nula, exceptuando os próprios meios de comunicação social clássicos que aí operam, sofre de um problema de legitimidade pois carece de instituições específicas do mundo *online* que a legitimem e formalizem. Actualmente tal não acontece e é portanto impossível aceder-se à qualificação de jornalista (e à extensão normativa que a acompanha) se se exercer uma actividade materialmente jornalística no ciberespaço.

No entanto, devido aos desenvolvimentos que o ciberespaço provocou, sempre se dirá que terão de ser equacionados novos mecanismos de reconhecimento de jornalistas enquanto únicos sujeitos das garantias constitucionais específicas da liberdade de comunicação social em sentido restrito. Os actuais mecanismos de reconhecimento coadunam-se, no mundo *offline*, com a necessidade de existência de empresa (onde decorre o estágio jornalístico) no entanto, hoje, no ciberespaço, um indivíduo pode ser, material e formalmente (no que toca ao meio de comunicação utilizado), um jornalista sem que exista possibilidade de reconhecimento formal do mesmo. As páginas pessoais de não jornalistas ficam, assim, de *jure condito*, excluídas do *tatbestand* das normas de garantia da actividade jornalística. Mesmo quando os seus autores chegam a milhares de pessoas com informações relevantes para as mesmas, sujeitas a um tratamento específico. De *jure condendo* e de um modo perfunctório que a natureza deste trabalho necessariamente reclama, defendemos a ponderação de mecanismos que permitam a extensão das garantias objecto da liberdade de comunicação social em sentido restrito ao exercício da liberdade de comunicação social, em sentido amplo, no ciberespaço, fora dos actuais quadros de referência do mundo *offline*.

Como relembra Jónatas Machado o conceito de liberdade de imprensa (e, logo, de comunicação social, como aqui a entendemos) é formal e não material e, neste sentido muita da imprensa disponível na internet existe numa "terra de ninguém", entre o conceito de liberdade de comunicação social em sentido amplo – a que podem ser reconduzida, devido à amplitude dos meios de comunicação aceites – e o conceito de liberdade de comunicação social em sentido restrito – onde só se admite uma informação veiculada por jornalistas, assim qualificados formalmente. É evidente que, e a História demonstra-o, este rigor formal não resiste à pressão material da realidade. Se indivíduos com páginas pessoais na *world wide web* ganham a confiança de um público vasto para a publicação regular de notícias, mesmo não sendo jornalistas, o Direito terá de reconhecer essa realidade e ponderar meios de alargar a estes casos a liberdade de comunicação social em sentido restrito, de modo a poderem os autores dessas páginas ficar sujeitos às garantias constitucionais jornalísticas [45]. Enquanto tal não acontece *de jure condito*, muito do que dissermos a propósito dos meios de comunicação social clássicos e/ou da actividade jornalística praticada no ciberespaço é também o que pensamos, mais uma vez, de *jure condendo*, para todos os casos em que se estiver perante o exercício da liberdade de comunicação social em sentido amplo.

Tudo o que acabámos de dizer no sentido da defesa de um esbatimento entre as noções da liberdade de imprensa (comunicação social) em sentido restrito e amplo, focados na atribuição ou não da categoria jornalística coloca um enfoque intenso sobre a necessidade de densificar critérios e, eventualmente, divisar outros, que permitam determinar o conceito de jornalista sem dependência em relação a entidades de comunicação social mas, ao invés, baseado em critérios de capacidade do meio de comunicação, destinatários prováveis e mesmo, um conjunto mínimo de exigências quanto ao tratamento material da informação.

---

[45] "A lei da ERC estende o âmbito de intervenção desta entidade reguladora, de acordo com a alínea e) do artigo 6º dos seus Estatutos às "pessoas singulares ou colectivas que disponibilizem regularmente ao público, através de redes de comunicações electrónicas, conteúdos submetidos a tratamento editorial e organizados como um todo coerente". Como referimos supra, a protecção constitucional conferida no âmbito da liberdade de imprensa, em sentido estrito, exige a integração dos sujeitos na categoria de jornalistas, de acordo com a Lei da Imprensa e o Estatuto do Jornalista. Nesses termos, a articulação com a referida alínea e) do Estatuto da ERC pode levantar algumas questões. Com efeito uma pessoa singular, não jornalista, que detenha um blog, de acesso gratuito, e disponibilize "conteúdos submetidos a tratamento editorial e organizados como um todo coerente" fica sujeito à supervisão e intervenção do Conselho Regulador da ERC, apesar de não ser titular da protecção constitucional prevista para os jornalistas. A não ser que entendamos que o legislador escolheu aquelas referências – tratamento editorial e organização como um todo coerente – de modo a fazê-las coincidir com a necessidade de existência ou associação a uma entidade de comunicação social. Ou seja, a pessoa singular teria sempre de ser jornalista e/ou estar associada a um meio de comunicação social. Isso, no entanto, não resulta líquido da lei da ERC e dependerá do modo como a entidade entender os seus poderes. É de saudar que o conselho regulador da ERC possa exercer a sua actividade sobre pessoas singulares que exerçam a actividade de comunicação social de massas, tomada de um ponto de vista material e não formal, mas nesse caso é importante que se estenda, igualmente, a protecção constitucional consagrada a propósito da liberdade de imprensa em sentido estrito, que exige, para além da vertente material, uma vertente formal que aqui não se verifica e que teria de ser reequacionada."

Como nota final, no entanto, desejamos apenas firmar o entendimento que, *de jure condito*, o nosso trabalho versa sobre a liberdade de comunicação social no ciberespaço, numa perspectiva que integra os dois sentidos desta liberdade fundamental, isto é, liberdade de tratamento e difusão de informação, de um modo inteligível, através de meios de comunicação, quando feita por jornalistas.

A liberdade de comunicação social, para além da sua dimensão de liberdade pessoal fundamental, convoca, como referimos, uma dimensão institucional fortíssima, uma vez que exige para o seu exercício um grau de formalização dos mecanismos de expressão da informação. Assim as clássicas liberdade de expressão e informação dos jornalistas são ainda revestidas por uma liberdade de constituição de empresa, entidade através da qual veiculam o seu pensamento e informações, de um modo especial, seja ele através da imprensa escrita (o mais antigo dos meios de comunicação de massas), seja através da rádio ou da televisão. Todos estes meios de comunicação exigem, assim a constituição de uma empresa específica, que os gere e desenvolve, muitas vezes sujeita a autorizações administrativas, como acontece com a radiodifusão e a radiotelevisão [46]. No tocante a estes meios de comunicação de massas a passagem para o ciberespaço traz uma novidade: a desnecessidade de constituição de empresa, requerendo apenas novo suporte técnico. Como iremos ver, são também novas as questões que levantará essa transposição, em virtude das especificidades aí encontradas. Passa, desde logo, a ser possível para qualquer jornalista ser um meio de comunicação social.

Questão fulcral e que aqui tem o seu momento principal de análise é a de saber se o ciberespaço permite pelas suas características a emergência de novos meios de comunicação de massas, ainda que tendo de ser compreendidos por outro prisma.

Como referimos *supra* as duas principais qualificações que nos permitem falar em comunicação de massas são: o universo potencialmente infinito de destinatários da informação e, num plano de menor importância, o relevo público dessa informação. No entanto, é sobretudo o primeiro elemento o factor determinante da qualificação de um meio de comunicação como *mass medium*. Assim se explica o carácter institucional da liberdade de comunicação social por oposição ao carácter eminentemente pessoal ou de grupos, restritos e determinados, das liberdades de expressão e informação. Só uma entidade específica, auto-sustentada e capaz de um grau

---

[46] Cf., por todos, José Alexandrino, *Estatuto Constitucional da Televisão*, Coimbra, 1998.

de formalização elevado, pode suportar os custos e as exigências de desenvolver e manter um meio de comunicação com capacidade de difusão massiva de informação, num ritmo regular, para o maior número de destinatários possíveis (dentro de certos limites existentes, como é exemplo, no caso da radiodifusão, as frequências disponíveis). Apenas um agrupamento institucionalizado de sujeitos, motivado para esse fim específico, pode levar a cabo tal tarefa, onde, rotundamente falhariam, caso o tentassem individualmente, por incapacidade de reunir meios técnicos de informação passíveis de atingir esse fim.

O ciberespaço vem, pelo contrário, revolucionar esta visão institucional da liberdade de comunicação social ao permitir a indivíduos, com um mínimo de conhecimentos, criar meios de comunicação de massas, tornando por isso demasiado rígido e mesmo inadequado, o critério de acesso à profissão de jornalista.

Por outro lado, os meios de comunicação social *online* possuem uma característica específica do mundo cibernético: a interactividade. Pela primeira vez os meios de comunicação podem reconhecer e contactar com os seus utilizadores e assim recolher um conjunto de dados não só para seu uso interno mas que podem ceder a terceiros. Esta questão é tanto mais premente quanto o facto de muitos meios de comunicação pertencerem a grupos económicos que desenvolvem outras actividades que não de comunicação social, onde os dados recolhidos pelos *mass media* seriam de grande utilidade.

Os meios de comunicação aos quais se aplicarão o nosso estudo são afinal todos os meios de comunicação social clássicos – imprensa, rádio e televisão – disponíveis no ciberespaço, bem como qualquer outro meio de comunicação usado por um jornalista, mediante remuneração – v.g. *websites, maxime blogs*.

4. Conclusão

Chegando ao término desta Parte II do nosso estudo o objectivo principal é fixar um conceito de liberdade de comunicação social operativo, que nos permita fundamentar as nossas posições em matéria de conflitos com o direito à reserva da intimidade da vida privada. E, ainda, descriminar especificamente os meios de comunicação que, no ciberespaço, exercem essa importante liberdade

Assim, concluímos em primeiro lugar que a liberdade de comunicação social, embora seja uma liberdade derivada da liberdade de expressão, enquanto liberdade mãe, tem características próprias.

Esta liberdade de comunicação social caracteriza-se, pois, por ser feita com recurso a meios de comunicação de massas, reproduzindo dados cujo interesse só pode ser aferido no confronto com outros valores constitucionais e cujo valor variará por isso de acordo com a natureza desses dados.

Outro factor fundamental para a caracterização da liberdade de comunicação social no seio do nosso estudo é a impossibilidade de determinarmos o universo de destinatários das comunicações exercidas mas de, ao invés, podermos determinar de forma mais ou menos rigorosa, os sujeitos da liberdade de comunicação social, uma vez que o exercício desta depende de um elevado grau de institucionalização, que, no caso da radiodifusão e da radiotelevisão, passa por formas de controlo administrativo.

A liberdade de comunicação social é assim a liberdade de aceder, tratar e expressar, de forma institucionalizada, mediante a constituição de entidades com esse fim, um conjunto de dados para o maior número possível de destinatários. Acrescente-se ainda, que em determinados casos, como veremos, é dada relevância à natureza dos dados transmitidos, momento em que surge uma outra característica, o relevo noticioso.

O exercício deste direito de liberdade no ciberespaço circunscreve-se aos clássicos meios de comunicação surgindo, actualmente, uma nova problemática de extensão a outros potenciais meios de comunicação específicos do mundo *online*. Para os quais outros quadros jurídico-dogmáticos devem ser pensados, sob pena de uma mera adaptação trazer mais problemas que soluções.

PARTE III

DIREITO À RESERVA DA INTIMIDADE DA VIDA PRIVADA

1. Análise do direito à reserva da intimidade da vida privada

A análise que pretendemos fazer do direito à reserva da intimidade da vida privada é uma análise necessariamente orientada para o tema que preside a este trabalho. Deste modo não pretendemos construir uma nova concepção deste direito mas antes enunciar os seus elementos estruturantes que permitam compreender as suas características operativas, de modo a que as possamos usar numa metódica de resolução de conflitos de direitos fundamentais no ciberespaço. Vamos por isso abordar as questões relacionadas com o direito à reserva da intimidade da vida privada recorrendo às categorias dogmáticas desenvolvidas pela doutrina.

A nossa primeira preocupação será fornecer um esteio histórico-constitucional deste direito bem como apresentar a sua consagração no ordenamento jurídico português.

Dado este passo importar-nos-á, então, analisar o objecto deste direito, partindo das questões que a análise literal coloca. Por um lado discutir o que se entende por vida privada, por outro lado discutir a construção do conceito de intimidade e, por fim, analisar no que consiste a reserva.

a. Antecedentes e consagração constitucional

A génese do direito à reserva da intimidade da vida privada está intimamente ligada a Samuel Warren e Louis Brandais, nomes incontornáveis ao iniciarmos o estudo deste direito. Estes dois autores escreveram em 1890 um artigo, como resposta a uma reportagem sobre um prato cozinhado numa festa dada pela mulher de Warren, defendendo a existência de um direito a ser deixado em paz (*right to be left alone*)[47]. Este direito permitiria aos seus sujeitos, segundo estes Autores, exigir a não perturbação da sua privacidade, impedindo a recolha de informações sobre a sua vida íntima ou a revelação de informações, mesmo que estas fossem verdadeiras. Com isto pretendia proteger-se os indivíduos de uma exposição ilícita de informação íntima.

Foi sobre esta primeira abordagem levada a cabo por estes dois Autores norte-americanos que a jurisprudência e doutrina viriam a construir o conceito de direito à reserva da intimidade da vida privada.

Nos Estados Unidos a preocupação da doutrina prendeu-se com a noção de privacidade associada a um estado de repouso e santuário[48] inviolável, bem como com a densificação da dimensão negativa do direito

Mas, sobretudo influente no pensamento jurídico romano-germânico foi a teorização levada a cabo pela jurisprudência e doutrina alemãs, com a criação da teoria das esferas de protecção[49]. Com esta teoria se pretendeu discriminar níveis de protecção específicos de acordo com esferas de privacidade delimitadas em função de vários critérios pessoais e sociais. Pela sua importância voltaremos a esta teoria aquando da análise do objecto do direito, momento em que a desenvolveremos em maior detalhe.

Em Portugal o direito à reserva da intimidade da vida privada encontra-se previsto, com esta formulação, no artigo 26º da Constituição da República. Este direito, como acontece desde a sua definição inicial, encontra os seus fundamentos na protecção da dignidade da pessoa humana, na protecção do seu bem-estar físico e psíquico e na valoração própria da individualidade e autonomia de cada um[50]. Como deixámos já explicado é a partir da fórmula verbal que procederemos à análise do direito.

O artigo 35º da CRP, contempla um direito à autodeterminação informacional (informationelle Selbstbestimmungsrecht) que, na linha da jurispru-

---

[47] Cf. Samuel Warren, Louis Brandais, *The right to privacy* in Harvard Law Review, 4, 1890, págs. 193 e segs.

[48] Cf. Gary Bostwick, *A Taxanomy of Privacy: Repose, Santuary and Intimate Decision* in Califórnia Law Review, 64, 1976, págs. 1447 e segs.

[49] Esta teoria é de origem jurisprudencial, cf. o Acórdão do Tribunal Constitucional Alemão, de 15 de Dezembro de 1983, consultado na versão castelhana, em BJC – Boletín de Jurisprudência Constitucional, nº 33, Janeiro de 1984, págs. 126 e segs e também a decisão BVerfGE, 6, 62 (41).

[50] Cf. Mota Pinto, *O Direito sobre a Intimidade da Vida Privada*, Boletim da Faculdade de Direito de Coimbra, LXIX, 1993, 480 e segs.

dência germânica assume uma dimensão de protecção da intimidade da vida privada no tocante a dados informáticos [51].

b. O objecto e conteúdo do direito à reserva da intimidade da vida privada

I. Vida privada e vida pública

O primeiro passo a ser dado no sentido de determinarmos o objecto do direito à reserva da intimidade da vida privada deve ser quanto à delimitação do que vem, afinal, a ser a vida privada merecedora de protecção constitucional. Se o conseguirmos determinar obtemos uma primeira linha de definição deste direito, que, desde logo, excluirá um conjunto significativo de situações.

A este propósito importa agora explicar a teoria das esferas de protecção da vida privada que apresentámos no ponto anterior.

A jurisprudência alemã, apoiada posteriormente por uma sólida doutrina, concebeu uma teoria segundo a qual a protecção a conceder à vida privada dependeria das áreas da personalidade afectadas. Assim, a jurisprudência germânica distinguiu um conjunto de quatro esferas da personalidade a que corresponderiam diferentes níveis de manifestação do indivíduo. Além de uma esfera exterior de publicidade, existiriam três outras esferas, a saber, a esfera pessoal, privada e íntima. O conteúdo reconhecido a estas esferas segue um critério que poderíamos denominar de valoração da intimidade, uma vez que as esferas que reclamam maior protecção são aquelas que estão mais próximas de experiências definidoras da identidade do indivíduo.

À esfera de publicidade seriam reconduzidos todos os actos praticados em público e com o desejo de os tornar públicos, cumulativamente. A esfera pessoal compreenderia as relações com o meio social sem que, no entanto, houvesse vontade de as divulgar ou interesse na divulgação. À esfera privada seriam reconduzidos os dados relativos a situações de maior proximidade emocional, escapando já às relações com o meio social, tomado na sua generalidade, ou seja, contextos relacionais específicos. Por fim, uma esfera íntima que compreenderia o mundo intra-psíquico aliado aos sentimentos indentitários próprios (auto-estima, auto-confiança) e sexualidade [52].

---

[51] Cf. o Acórdão do Tribunal Constitucional n.º 355/97, P° 182/97.

[52] Como refere Jónatas Machado, op. cit., nota 1850, pág. 794, a esfera íntima é, por vezes, ainda subdividida numa esfera de segredo onde se pretenderia incluir dados cujo sujeito deseja expressamente excluir de toda o conhecimento, como seja um diário. Parece--nos ir longe demais uma vez que a esfera íntima protege já esse tipo de informação.

Desde logo se compreendem as dificuldades levantadas por esta teoria das esferas de protecção. Além da dificuldade em reconduzir conteúdos a cada uma das esferas, existe a possibilidade de, pela sua fluidez, os conteúdos migrarem de um esfera para outra.

A grande bondade desta teoria, no entanto, graças à sua forte componente formalizante, com recurso a categorizações, é a de permitir tentar discernir, desde logo, a fronteira entre vida pública e vida privada. Estará fora do objecto do direito sob estudo toda a qualquer informação divulgada pelo próprio referente da informação quando feita num local público, isto é, no qual se cruzam ou podem cruzar destinatários não compreendidos nas outras esferas, pela ausência de relações próximas com o sujeito. Esta última precisão torna-se relevante pois a mera determinação pelo indivíduo em tornar conhecido uma certa informação não é suficiente se for feita num círculo aparentemente determinado de destinatários, uma vez que, nestes casos, o sujeito pode assumir que a informação divulgada foi controlada quanto aos destinatários. Pensamos nos casos em que um sujeito divulga uma informação pessoal numa festa de amigos ou familiares mas onde também se encontram pessoas que o próprio não inclui na sua esfera pessoal ou privada, embora sem o considerar no momento da divulgação da informação. Pensamos que nestes casos, ainda assim, a informação poderá ser objecto do direito à reserva de intimidade da vida privada pois integrará a esfera pessoal ou privada, uma vez que foi nessa suposição que o sujeito se determinou ao divulgar a informação, sem prejuízo de outros elementos a valorar que referiremos *infra*. É exactamente o que acontece em muitos casos de conversas contendo informações respeitantes a esferas da vida privada mas ocorridas em locais públicos e assim captadas por jornalistas. Aqui, deve entender-se que, se mais nenhum dos elementos que estudaremos for relevante, o facto do local ser público deve ser desconsiderado uma vez que a conversa é passível de recondução à esfera privada lato senso.

Um outro aspecto importante vem a ser o de que uma vez considerada uma dada informação como pertencendo a uma das três esferas não públicas, o objecto do direito diz respeito não só à impossibilidade ou maior resistência na recolha de informações mas também à sua divulgação caso já esteja na posse de um outro indivíduo. Como referem Gomes Canotilho e Vital Moreira o direito à reserva da intimidade da vida privada "analisa--se principalmente em dois direitos menores: o direito a impedir o acesso de estranhos a informações sobre a vida privada e o direito a que ninguém divulgue as informações que tenha sobre a vida privada de outrem"[53].

---

[53] Canotilho, Moreira, op. cit., pág. 181.

A vida pública é, também, caracterizada por todas as informações que embora não públicas segundo um critério volitivo, como os apresentados atrás, são reclamadas à arena do conhecimento comunitário por um critério de interesse público. Este critério, é, no entanto, tão forte que pode reclamar informações que se incluiriam já na esfera vida privada, tornando-se pois um critério de determinação das esferas de conteúdo da vida privada ao invés de ser operado como um critério de definição da vida pública.

A distinção entre vida pública e vida privada é afinal uma distinção sujeita a confirmação contínua na medida em que, *a priori*, é impossível determinar o que é público e privado, sendo apenas possível elencar indicadores tendenciais de dados referentes à vida pública. Isso mesmo tentámos demonstrar através dos dois critérios aproximativos propostos: o local, que como vimos não poder ser tomado como critério absoluto, pois um local público pode ser conformado por uma ou mais pessoas em local de comunicação de informações privadas, merecendo tal comunicação protecção, embora mais fraca; e a vontade, enquanto determinação, pelo próprio sujeito, expressa ou tacitamente, de informações como pertencentes a um domínio público.

II. Intimidade

Uma vez assente que podemos recorrer à densificação de esferas, de acordo com a jurisprudência germânica, três esferas da vida privada lato senso, compreendendo a protecção quer da recolha quer da divulgação de informação respectivas à vida privada, importa tentar resolver um outro problema, que deixámos desde logo enunciado, o da delimitação das esferas. Isto é, como valoramos a intimidade de modo a reconduzir determinada informação a uma esfera ou a outra. Aqui, importa distinguir dois elementos: primeiro, um elemento que denominamos de volitivo interno e, um segundo, um elemento que designamos de valorativo externo.

O elemento volitivo interno diz respeito à concepção que o próprio indivíduo tem da intimidade, através da forma como o demonstra, de modo a poder ser um critério operativo. Este critério é particularmente importante pois permite uma auto-delimitação da intimidade que pode ajudar, logo num primeiro estudo, a reconduzir conteúdos a cada uma das esferas, facilitando a tarefa de discernir a protecção justa para os dados em causa. Está aqui em apreço a forma como cada sujeito conforma o seu espaço de intimidade e que valoração faz das informações respeitantes à sua vida privada [54].

---

[54] Distinto é o valor que se há-de atribuir à imagem, à honra e ao bom nome de cada sujeito, enquanto figuras autónomas mas muitas vezes de fronteiras ténues. Cf, por todos, a este propósito, Mota Pinto, op. cit., págs. 539 a 552.

Somos aqui reconduzidos à problemática do estilo de vida dos visados [55] e da sua projecção pública. Quanto a este elemento de determinação da intimidade importa avançar algumas considerações. É essencial distinguir entre o comportamento dos sujeitos e o interesse do público pelos mesmos. Quanto a este segundo aspecto, dele cuidaremos de seguida, quanto ao elemento valorativo externo. No que toca ao comportamento dos sujeitos parece importante distinguir entre o acesso à informação e a divulgação da informação. É inequívoco que se um indivíduo determinar a sua esfera pessoal, privada e íntima orientada para uma difusão generalizada de informações está a renunciar aos graus de protecção respectivos, que a elas se reconduzem. A questão deve ser, então, do grau de renunciabilidade possível. Entendemos que esta pode acontecer, casuisticamente [56], mas nunca de forma perpétua, sob pena de violação do denominado direito ao esquecimento, trabalhado pela doutrina francesa [57].

Quanto à divulgação da informação o elemento volitivo interno opera de forma semelhante. Se o sujeito determinar por comportamentos o valor de determinadas informações permitirá a sua recondução a uma das esferas de protecção, mesmo que num caso semelhante outro indivíduo reclamasse protecção diferente.

Assim, este primeiro elemento de densificação da intimidade e das suas esferas, permite-nos, através da auto-vinculação do indivíduo reconduzir conjuntos de informações a cada uma das esferas, através da forma como o próprio sujeito lida com o acesso e a divulgação dessa informação. Porém, este elemento serve apenas de condição inicial pois deve ser posteriormente confrontado com as valorações da comunidade em que o indivíduo se insere.

O elemento que denominamos por valorativo externo, opõe-se, pois, ao elemento volitivo-interno na medida em que não se está já na dependência da vontade do sujeito mas na forma como a comunidade em que esse sujeito se insere conforma a intimidade e as suas manifestações. Este elemento é particularmente importante devido ao seu dinamismo, muito fluido, obri-

---

[55] Na expressão de Jónatas Machado, op. cit., pág. 798.

[56] Pense-se nos recentes fenómenos mediáticos de programas em que os participantes aceitam partilhar por radiotelevisão aspectos das suas vidas que se incluem nas várias esferas de privacidade, incluindo, em alguns casos respeitantes à sexualidade, a esfera íntima, de maior protecção.

[57] Cf. Mota Pinto op. cit., pág. 529 e 574 e segs. Nestes casos defende-se que a renúncia à privacidade de certas informações íntimas, a sua devolução a uma esfera pública fica cristalizada conjuntamente com o momento e as circunstâncias (podendo por isso ser reproduzida) não podendo, no entanto, justificar, futuras exposições da intimidade, com fundamento numa conformação passada das esferas privadas se, entretanto, o sujeito tiver determinado a sua vida privada num sentido de maior segredo e resguardo.

gando o jurista a um esforço metódico de actualização valorativa das informações a integrar o conteúdo de cada esfera.

A primeira área onde este elemento é fundamental é na fronteira da delimitação entre vida pública e vida privada, referente ao ponto anterior, antes mesmo de podermos reconduzir dados às esferas privadas. Este elemento é de tal modo conformador que pode levar-nos a concluir que um conjunto de informações que se poderiam reputar pertencentes à esfera privada lato senso, compreendendo as três esferas que elencámos, pertencem, afinal, por evolução histórica das mentalidades, à esfera pública, sendo certo que a protecção de existência de uma esfera pública que, aliás, é uma questão essencial na liberdade de comunicação social estudada na parte precedente deste trabalho, deve ter um lugar próprio numa sociedade democrática.

Assim, como refere Jónatas Machado "expressões como privacidade ou intimidade devem ser interpretadas na sua dependência contextual"[58], significando isto que para além de uma área de segredo menos permeável a variações quanto à integração comunitária, os conteúdos das esferas privadas estão em permanente tensão com as percepções socio-valorativas vigentes num dado momento.

O que deve, contudo, ficar claro é que o limite da determinação da intimidade operada pelo elemento valorativo externo deve ser o interesse público, de modo a que nunca seja o interesse do público. Isto é, não pode deixar-se ao arbítrio dos meios de comunicação a escolha dos conteúdos que se devem incluir em cada esfera de protecção da vida privada[59].

O conceito de interesse público ganha assim papel determinante na aferição da intimidade de um indivíduo no seio de uma dada comunidade fixada num espaço e num tempo. Diríamos mesmo que o interesse público pode levar à compressão ou desconsideração da intimidade, aferida pelo próprio sujeito, até ao limite concreto do seu conteúdo essencial, conceito esse que, não sendo determinado pelo interesse público é permeável a valorações comunitárias, embora com maior resistência, apelando-se aqui a considerações mais permanentes de direito natural ou, segundo outras posições, de normatividade originária.

O interesse público é, nas palavras de Vieira de Andrade[60], o interesse "que é qualificado, a nível normativo superior, como manifestação directa

---

[58] Jónatas Machado, op. cit. pág. 797.

[59] Cf. Antonio Gardó, *Derecho a la intimidad y medios de comunicación*, Madrid, 2000, págs. 379 e segs.

[60] Vieira de Andrade, *Interesse público in Dicionário Jurídico da Administração Pública*, vol. V, Coimbra, 1993, pág. 275 a 282.

ou instrumental das necessidades fundamentais de uma comunidade política e cuja realização é atribuída, ainda que não em exclusivo, a entidades públicas". Comecemos por realçar a referência à comunidade política. É o elemento aglutinador do conceito pois fornece o substrato material sobre o qual este se desenvolve: há um interesse, impossível de individualizar, cujas características se encontram nas necessidades que reconheçamos (em abstracto) a uma dada comunidade política. É aqui particularmente importante considerar que o espaço público de discussão é ele mesmo um interesse constitucionalmente protegido, por isso, integrando um interesse público específico [61]. Embora este elemento não forneça a diferença específica do conceito de interesse público é importante que o percebamos. Com referência a uma comunidade política, um dado interesse, para ser considerado público, necessita de (1) ser qualificado normativamente como tal e (2) ser prosseguido e realizado por entidades públicas, podendo essa prossecução e realização ser assegurada pelo fomento e regulação de actividades privadas, como acontece com as Autoridades Reguladoras, designadamente no campo da liberdade de comunicação social, com a Entidade Reguladora para a Comunicação Social [62] mas também através de quaisquer outros mecanismos públicos.

Assim sendo, o interesse público destaca-se pelo lugar central que ocupa na teoria do Estado e do Direito, na medida em que, se coloca como núcleo de um sistema: a partir do momento originário da sua qualificação, o Estado desenvolve-se em torno da sua prossecução, sendo tal movimento pautado por um dado conjunto normativo e dando tal movimento origem a um conjunto de prerrogativas apenas existentes nesse âmbito. O interesse público é legitimado normativamente pela comunidade e legitima-se na comunidade através de um conjunto de entidades – a Administração Pública – que prossegue os seus interesses e determinados entes privados. Tal implica uma escolha e uma sujeição simultâneas. Uma escolha política e uma sujeição às escolhas dessa política. É assim compreensível que se possa deduzir do conceito de interesse público interesses públicos secundários e que a multiplicação de visões e interesses da comunidade política e, consequentemente, das tarefas do Estado, pulverize o interesse público geral em interesses públicos específicos.

O conceito de intimidade, que nos permite determinar o conteúdo das várias esferas e assim apurar um pouco mais o objecto do direito à reserva

---

[61] Neste sentido, Jónatas Machado, op.cit., págs. 797 e segs.
[62] Criada pela recente lei n.º 53/2005, de 8 de Novembro. Sem prejuízo de com ela colaborarem outras entidades como a Comissão Nacional para a Protecção de Dados e a Autoridade Nacional de Comunicações.

da intimidade da vida privada, encontra-se, assim, numa conjugação entre a própria determinação do indivíduo dos seus espaços de intimidade e a valoração comunitária que recai quer sobre o indivíduo em causa quer sobre as informações em análise. O resultado apurado permitirá com um maior grau de segurança aferir o nível de protecção que o sujeito pode reclamar, de modo a impedir a recolha ou a divulgação de informações sobre a sua vida privada.

III. Reserva

Aproximamo-nos assim da definição possível do objecto do direito à reserva da intimidade da vida privada. Depois de discutida a separação entre vida pública e privada e depois de densificado o conceito de vida privada, com recurso à teoria das esferas de protecção, importa agora sintetizar os ensinamentos através do estudo das questões levantadas pela noção de reserva. A reserva convoca a questão última do direito isto é, a passagem do conteúdo ao objecto mediante a determinação de critérios de protecção.

Chegados a este momento através do percurso realizado torna-se evidente que a reserva é simultaneamente um direito, enquanto permissão normativa de exclusão e reacção contra interferências na vida privada de um sujeito, e uma garantia, enquanto consagradora da possibilidade exigência de meios de protecção para violações às esferas da vida privada.

Assim, a pergunta que devemos agora colocar é a seguinte: que protecção deve merecer a reserva de esferas da vida privada? Estamos perante a problemática da exclusão total de recolha de informações e da sua divulgação confrontada com a possibilidade de recolha e divulgação em dados contextos. No âmbito do nosso trabalho preocupam-nos as razões que possam levar a liberdade de comunicação social a actuar como critério de divulgação de dados de alguma das esferas privadas lato senso.

É este, pois, o momento, de fazermos uma crítica final à teoria das esferas de modo a concluirmos o âmbito da reserva e assim nos aproximarmos da definição do objecto do direito em apreço.

As esferas de protecção da vida privada, densificadas à luz de um conceito de intimidade gradativo, com recurso a critérios volitivos e valorativos, não podem ser tomadas como uma panaceia que resolva todos os problemas metódicos, apontando uma área intocável da personalidade e uma área passível de ceder a confrontos com outros direitos e liberdades fundamentais. A teoria das esferas de protecção deve fornecer-nos categorias formais que depois necessitam de ser integradas casuisticamente, de acordo com o sujeito em causa e com recurso aos critérios que apontámos. Estamos de acordo com Gomes Canotilho e Vital Moreira quando afirmam que o critério constitucional vai nesse sentido, convocando "um conceito de esfera privada de cada pessoa, culturalmente adequado à vida contemporânea"[63]. Aqui encontramos sintetizados os vários elementos que explanámos anteriormente. A reserva, isto é, o grau de protecção que cada sujeito pode opôr aos demais, é determinada para cá da fronteira da vida pública e, ainda assim, tendo como horizonte as categorias formais de esferas de protecção com os seus critérios materiais. Todas estas operações permitem-nos, por fim, chegar à determinação de uma medida concreta da reserva, estando já determinados os outros elementos do objecto do direito, a saber, a fronteira entre vida pública e privada e a valoração a atribuir à intimidade em face da recondução dos dados a uma determinada área da vida privada (esferas de protecção). É isso que nos permite concluir por uma maior reserva da intimidade da vida privada relativa a dados de um cidadão sem obrigações políticas ou titularidade de cargos públicos, que, para mais, se tenha determinado a viver numa aldeia remota do interior, tendo os dados sido recolhidos contra a sua vontade; em face de um sujeito que ocupe um cargo político sensível (elemento valorativo-externo com preponderância) mesmo que não tenha desejado revelar dadas informações mas elas sejam do interesse público; ou de um sujeito que pela sua conduta tenha aproximado ou movimentado conjuntos de informações para a vida pública ou uma esfera privada de menor protecção (elemento volitivo-interno com preponderância)[64].

Assim, não podemos, *a piori*, determinar uma área de segredo absoluto no tocante ao objecto do direito à reserva da intimidade da vida privada mas apenas, com recurso ao conceito de conteúdo essencial, tomado na sua medida concreta, encontrar para cada situação uma potencial esfera de segredo absoluto, sempre alicerçado na afirmação da dignidade da pessoa humana e de um mínimo operativo de autodeterminação pessoal.

Embora pareça possível determinar, quanto à estrutura do direito e suas possíveis manifestações, áreas de segredo absoluto a verdade é que os elementos que nos possibilitam tecer e densificar o conceito de intimidade

---

[63] Gomes Canotilho, Vital Moreira, op. cit., pág. 182. É também este o entendimento do Tribunal Constitucional Português ao utilizar a teoria das esferas de protecção como categorias formais de aproximação que deve ser integradas com recurso aos critérios constitucionais de privacidade e dignidade da pessoa humana, cf., o importante Acórdão do Tribunal Constitucional n.º 355/97, P° 577/98 e, recentemente, o Acórdão do Tribunal Constitucional n.º 368/02, P° 577/98.

[64] Sobre a especial valoração das figuras públicas cf. Jónatas Machado, op. cit, págs. 803 a 821. Para uma visão comparativa do ordenamento espanhol, cf. António Gardó, op. cit., págs. 380 e segs.

que valora a vida privada o podem impedir em casos concretos. Se já quanto ao elemento volitivo interno, poderíamos ponderar "salvar o sujeito de si mesmo" em ocasiões em que este pretendesse, por exemplo, publicar o seu diário íntimo (proto-exemplo de alguma doutrina germânica da área de segredo absoluto), tornando esse direito indisponível (mas de muita dificuldade prática de impedimento), o elemento valorativo-externo, com as suas infinitas hipótese de ponderação, impedem-nos de conseguir ou sequer, prudentemente tentar encontrar uma área absoluta de reserva, para além de meras categorias tendenciais que nos sirvam de apoio. Pense-se na hipótese da divulgação de dados relativos à orientação sexual de um indivíduo, informações incluídas unanimemente na esfera íntima de maior protecção, como única forma de evitar uma condenação criminal por uma pena máxima.

2. Conclusão

As ideias fundamentais que pretendemos carrear, no que concerne ao direito à reserva da intimidade da vida privada, para a Parte IV e final do nosso estudo, são aquelas que se prendem, substancialmente com objecto do exercício deste direito e que podem, pela sua especial ligação ao mais profundo do ser humano, à sua dignidade, servir de critério de conformação da liberdade de comunicação social no ciberespaço. Como deixámos já elencado na Parte II e demonstraremos na Parte IV, muitos são os problemas deste conflito clássico de direitos que merecerão respostas novas e muitos são também os problemas novos que surgem com o exercício da liberdade de comunicação social no ciberespaço.

As ideias fundamentais a reter são a da necessidade de uma primeira aproximação distintiva entre vida pública e vida privada, a partir do qual podemos excluir desde logo um significativo número de situações que caiam claramente no espaço de discussão pública, inerente a qualquer sociedade democrática e sua condição de subsistência e desenvolvimento. É neste espaço que se move a liberdade de comunicação social não provocando quaisquer conflitos de direito se aí se confinar. Daí a importância da busca primeira de critérios distintivos. Aí encontrámos um critério espacial, meramente tendencial pela fragilidade demonstrada e um primeiro critério volitivo, importante, embora levantando questões de renúncia de direitos que adiante analisaremos.

Num segundo momento concluímos que é útil encontrar categorias formais, no domínio da vida privada, de acordo com uma orientação de reforço e intensidade da intimidade. Concluímos, além disso, que os critérios para essa determinação de esferas deviam ser encontrados na ponderação entre a determinação que o próprio sujeito faz da áreas da sua vida privada e a valoração que a comunidade onde o mesmo está inserido lhes atribui.

Por fim, é sobre essa ponderação e tendo em conta a situação do sujeito em causa que podemos determinar uma medida concreta da reserva da intimidade, no sentido da esfera atingida, de modo a impedir o acesso a determinadas informações ou a sua divulgação.

Como refere Stefano Nespor "In definitiva, la privacy non viene più percepita solo come una difesa passiva da parte dell'interessato dalle ingerenze altrui, ma si trasforma in um potere di controlo e di conoszenza sulla circolozione delle informazioni. [...] il consenso dell'interessato è divenuto il vero punto nodale di tutto il sistema di tutela della privacy, anche se l'originaria nozione della privacy come «diritto a essere lasciato solo» continua a cogliere una dimensione importante e irrinunciabile di questo istituto"[65].

---

[65] Stefano Nespor, op. cit., pág. 79.

PARTE IV

CONFRONTO DA LIBERDADE DE COMUNICAÇÃO SOCIAL E DO DIREITO À RESERVA DA INTIMIDADE DA VIDA PRIVADA NO CIBERESPAÇO

1. Introdução

O momento de síntese do nosso trabalho deve começar pelo apuramento da metódica sobre a qual operaremos a resolução dos conflitos diagnosticados. Apresentados os mecanismos de ponderação que devem presidir à operação intelectual jurídica de compressão de um ou dos dois direitos de modo a solucionar a colisão, iremos recuperar a distinção entre investigação da vida privada e divulgação da vida privada, problematizando ainda uma terceira dimensão, integrando aí as situações de potenciais conflitos com o exercício da liberdade de comunicação social. Será este o esteio compreensivo da parte final do nosso estudo. Com efeito, o que nos importa doravante é demonstrar como pode ser investigada e divulgada a vida privada no ciberespaço, através de meios de comunicação social. Num segundo momento cabe-nos diagnosticar quais as situações podem gerar conflito entre essa investigação e/ou divulgação da vida privada e possíveis violações da sua reserva. Chegado esse momento de diagnóstico cumprirá apresentar um conjunto de soluções alicerçadas na metódica de resolução de conflitos que protege de forma constitucionalmente equilibrada ambos os valores em causa. Assim, elencaremos um conjunto de mecanismos que permitam evitar, mitigar ou punir a violação do direito à reserva da intimidade da vida privada no exercício da liberdade de comunicação social. Sempre com o intuito de permitir o mais completo e dinâmico exercício desta liberdade fundamental, num quadro de desenvolvimento da opinião pública democrática e de respeito pela intimidade da vida privada.

2. Metódica da resolução de conflitos

Depois de conhecidos os meios de comunicação cujo exercício da liberdade de comunicação social pode provocar colisões com o direito à reserva da vida privada importa agora reflectir sobre a ponderação e a valoração dos bens em presença para que possamos encontrar uma metódica da resolução de conflitos que nos permita restringir um ou outro direito de modo a que ambos encontrem o seu espaço possível de exercício, muitas vezes com prejuízo de um deles, até ao limite do seu conteúdo essencial[66].

a. Os limites imanentes como questão prévia

Como refere Vieira de Andrade, "neste contexto, põe-se, em primeiro lugar, o problema dos limites do direito no que toca à delimitação do respectivo âmbito de protecção constitucional, para definir o seu objecto e conteúdo principal. Trata-se de determinar os bens ou esferas de acção abrangidos e protegidos pelo preceito que prevê o direito e de os distinguir de figuras e zonas adjacentes, para saber, em abstracto e *a priori*, também em função de outros preceitos constitucionais, se inclui, não inclui ou exclui em termos absolutos as várias situações, formas ou modos pensáveis do exercício do direito – está em causa o problema da determinação das normas constitucionais, que compreende o problema da determinação dos limites imanentes ou intrínsecos de um direito fundamental"[67]. Isso mesmo fizemos a propósito da liberdade de comunicação social e do direito à reserva da intimidade da vida privada, respectivamente, na Parte II e III, deste trabalho. No entanto, é agora o momento de desenvolvermos um pouco mais a nossa posição sobre o reconhecimento e admissibilidade de limites imanentes aos direitos em estudo. Isto porque a posição que se assuma quanto a esta matéria tem consequências directas sobre a forma de encarar a análise da colisão dos direitos apreciados no âmbito deste trabalho. Com efeito, ao reconhecer-se validade à teoria dos limites imanentes podem

---

[66] Sobre metódica de resolução de conflitos cf. Gomes Canotilho, op. cit., pág. 1191 e segs. e Vieira de Andrade, *Os Direitos Fundamentais na Constituição Portuguesa de 1976*, 2ª Edição, Coimbra, págs. 275 e segs.

[67] Vieira de Andrade, *Os Direitos Fundamentais...*, pág. 277.

excluir-se inúmeras situações de aparente conflito de direitos, uma vez que uma situação concreta em que dois bens jurídicos poderiam conflituar vem a ser diagnosticada de tal modo que se reconhece não pertencer ao *tatbestand* de um dos direitos o conteúdo do seu exercício. Assim, não haveria conflito algum mas um reconhecimento de um limite imanente de um dos direitos que impediria a actuação do sujeito, provocadora do suposto conflito. Eis a importância de nos posicionarmos sobre a relevância dos limites imanentes.

Começamos por enunciar as duas posições opostas no espectro possível da discussão sobre os limites imanentes.

Autores há que não reconhecem interesse ou valor autónomo a esta teoria jurídica, argumentando que pode levar "a uma diminuição da força jurídica ou da extensão dos direitos, liberdades e garantias"[68]. Para Jorge Miranda "em rigor, ou se trata da própria configuração constitucional dos direitos ou se trata de limites ao exercício de direitos, e não de restrições"[69]. Com efeito, para este autor, como outros que criticam a teoria dos limites imanentes, pode dizer-se que apenas tem relevância o sentido material dos limites imanentes enquanto "limites do objecto, para indicar o âmbito do direito, isto é, para designar os limites que resultam da especificidade do bem jurídico que cada direito fundamental visa proteger ou da parcela da realidade incluída na respectiva hipótese normativa (a imprensa, o domicílio, a fé religiosa, a família, a propriedade, a profissão)"[70]. Este sentido, no entanto, apenas nos remete para a operação interpretativa que qualquer preceito jurídico reclama sem, no entanto, convocar ponderações do seu conteúdo. Trata-se apenas de discernir o objecto, sem discutir o que nele se pode incluir.

Assim, no outro extremo do espectro estarão os autores que conferem particular importância ao sentido jurídico dos limites imanentes "enquanto limites de conteúdo, na medida em que a protecção constitucional não abranja todas as situações, formas, ou modos de exercício pensáveis para cada um dos direitos, designadamente no caso das liberdades (como aconteceria se a Constituição os concedesse aos indivíduos para que deles fizessem uso como bem entendessem)"[71].

Em nosso entender esta oposição, entre a doutrina que reconhece importância dogmática e operativa autónoma aos limites imanentes e a doutrina

---

[68] Jorge Miranda, op. cit., pág. 333.
[69] Jorge Miranda, op. cit., pág. 333.
[70] Vieira de Andrade, *Os Direitos Fundamentais...*, pág. 283.
[71] Vieira de Andrade, *Os Direitos Fundamentais...*, pág. 283.

que não o faz, é apenas aparente. Apenas numa situação existe um confronto dogmático com consequências práticas na análise de direitos potencialmente conflituantes. Estamos a pensar nas situações em que a descoberta de limites imanentes se faz *a priori* de qualquer operação intelectual de comparação de direitos numa perspectiva de potencial colisão. Acontece, no entanto, que a maioria dos autores que defende os limites imanentes, enquanto operação de delimitação do conteúdo de direito fundamentais, que resolveria aparentes conflitos de direitos, procede à operação de análise de limites imanentes a propósito e em cotejo com outros direitos fundamentais que possam com ele conflituar, num modelo hipotético ou num caso concreto, despoletando assim o interesse do jurista em determinar a existência de um verdadeiro conflito ou, ao invés, de um limite imanente. Reis Novais, a propósito dos direitos dos outros como fundamento da teoria dos limites imanentes, refere que "na maior parte dos casos, não é possível distinguir objectiva e empiricamente, à margem de uma valoração que será, no fundo, decisiva, *um agressor* e *um agredido*, tudo dependendo de qual o direito que se toma como referência [72]. Tal é paradigmático no caso que agora estudamos: liberdade de comunicação social e direito à intimidade da vida privada, são agressores e agredidos consoante a posição analítica tomada. Isso mesmo reconhece Vieira de Andrade, autor que adopta, entre nós, a concepção dos limites imanentes, ao afirmar que "se num caso hipotético ou concreto se põe em causa o conteúdo essencial de outro direito, se se atingem intoleravelmente valores comunitários básicos ou princípios fundamentais da ordem constitucional, deverá resultar para o intérprete a convicção de que a protecção constitucional do direito não quer ir tão longe" [73]. Com esta operação jurídica não podemos deixar de concordar, como explicaremos de seguida, o que repudiamos e uma adopção da teoria dos limites imanentes que pretenda determinar *a priori*, para um dado direito fundamental, analisado autonomamente, um conjunto de limites imanentes de conteúdo. Entendemos assim a teoria dos limites imanentes pois a aceitarmos esta última configuração da mesma teríamos de aceitar uma valoração dos direitos fundamentais que, ainda que fundamentada pelo enquadramento constitucional, sempre seria feita sem atender ao casuísmo, impossível de prever racionalmente, de cada situação concreta de potencial colisão de direitos. Apenas num muito reduzido conjunto de casos podemos afiançar que dado exercício do direito não pode ser constitucionalmente aceite como fazendo parte do seu conteúdo. Vieira de Andrade acaba por reconhecer isso

---

[72] Cf. Reis Novais, op. cit., pág 455.
[73] Vieira de Andrade, *Os Direitos Fundamentais...*, pág. 287.

mesmo ao defender o que poderíamos designar, quanto à sua denominação autónoma, de teoria de limites imanentes irredutíveis, ao afirmar "Se é mais ou menos fácil saber qual o bem jurídico ou a esfera da realidade que o preceito visa abranger através de um direito fundamental, já é muitas vezes difícil determinar os contornos da respectiva protecção, sobretudo quando o seu exercício se faça por modos atípicos ou em circunstâncias especiais, que afectam, de uma maneira ou de outra, valores comunitários ou <u>outros direitos também constitucionalmente protegidos</u> [...] preferimos, por isso considerar a existência de limites implícitos nos direitos fundamentais, <u>sempre que (e apenas quando) se possa afirmar, com segurança e em termos absolutos</u> que não é pensável em caso algum que a Constituição, ao proteger especificamente um certo bem através da concessão e garantia de um direito, possa estar a dar cobertura a determinadas situações ou formas do seu exercício; sempre que pelo contrário, deva concluir-se que a Constituição as exclui sem condições nem reservas"[74] (sublinhados nossos). Por tudo isto, podemos concluir que, mesmo os autores, como Vieira de Andrade, que adoptam a teoria dos limites imanentes, aceitam-na quanto à análise autónoma de um direito numa forma de mínimo irredutível. Acrescentamos, em nosso entender, que assim o fazem por compreenderem a dificuldade em asseverar, para um determinado direito, situações em que "com segurança e em termos absolutos" a Constituição exclui dado exercício. Além disso, concluímos igualmente que estes autores, acabam por utilizar a teoria que adoptam, sobretudo numa operação dialéctica motivada por "outros direitos também constitucionalmente protegidos". Parece-nos ser esse o momento de síntese.

Na operação metódica de análise de uma situação hipotética ou concreta de potencial conflitos de direitos a melhor metodologia é, num primeiro momento, por interpretação, proceder-se à descoberta do objecto de cada direito. Quanto a este primeiro momento operativo a doutrina concorda. É o momento de aplicação do sentido material da teoria dos limites imanentes, comum à doutrina que não a adopta.

Num segundo momento metódico, com o objecto determinado, devemos procurar compreender se o exercício dos direitos em causa pode conter-se no objecto identificado. Procuramos, pois, um conteúdo possível no objecto do direito. Se o encontramos, em ambos os direitos em análise, através de uma ponderação constitucional alargada dos vários valores protegidos no ordenamento jurídico em causa, estamos perante um verdadeiro conflito de direitos, na medida em que os bens que se procuram proteger com o exer-

---

[74] Vieira de Andrade, *Os Direitos Fundamentais...*, págs. 284 e 286.

cício dos direitos fazem parte do seu objecto e conteúdo. Teremos então de resolver o conflito com recurso a nova valoração constitucional, esta necessariamente dialéctica, mas com uma forte componente bipolar entre os dois direitos em causa. Ao invés, na primeira operação de valoração, em que se buscava um conteúdo possível do direito, a operação de valoração é feita, embora motivada, por um direito em particular, em confronto com todo o sistema valorativo-constitucional, de modo a determinar aquele específico conteúdo, materializado num dado exercício hipotético ou concreto, do direito fundamental em causa. Assim, aqui um outro direito fundamental é causa remota de uma operação de valoração do direito e num segundo momento, se se entender que o conteúdo é admissível, torna-se causa imediata de uma operação de ponderação dialéctica. Neste primeiro momento, os autores aproximam-se. Os adeptos da teoria dos limites imanentes marcam mais claramente a distinção entre ele e o segundo momento, denominando a procura do conteúdo material possível de um direito de descoberta de limites imanentes e o segundo momento de análise de colisão de direitos. Os autores que não consideram ou autonomizam os limites imanentes, ou procuram uma síntese, agregam os dois momentos como um momento de ponderação e optimização de bens, exterior ao conteúdo dos direito. Assim, Gomes Canotilho afirma que "as normas de direitos fundamentais são entendidas como exigências ou imperativos de optimização que devem ser realizadas, na melhor medida possível de acordo com o contexto jurídico e respectiva situação fáctica. Não existe, porém, um padrão ou critérios de soluções de conflitos de direitos válido em termos gerais e abstractos. A «ponderação» e/ou harmonização no caso concreto é, apesar da perigosa vizinhança de posições decisionistas (F. Müller), uma necessidade inelimínável"[75], acrescentando ainda a propósito da síntese de posições relativas aos limites imanentes que "os chamados «limites imanentes» são o resultado de uma ponderação de princípios jurídico-constitucionais conducente ao afastamento definitivo no caso concreto, de uma dimensão que, prima facie, cabia no âmbito prospectivo de um direito liberdade e garantia"[76]. Por aqui se depreende, não só como o autor critica os limites imanentes como excluindo *a priori* determinados conteúdos, mas também como afirma a ponderação de princípios constitucionais num caso concreto, significando potencial colisão de direitos, como forma de superação da discussão em torno dos limites imanentes.

---

[75] Gomes Canotilho, op. cit., pág. 1195.
[76] Gomes Canotilho, op. cit., pág. 1202.

No entanto, como refere Reis Novais "limites imanentes e restrições aos direitos fundamentais são coisas qualitativamente distintas (daí que pretensamente se possam concretizar limites imanentes de um direito fundamental sem violar a proibição de restringir, sem a correspondente autorização constitucional, um direito fundamental"[77], assim se percebendo que, a questão essencial prende-se com "cada um dos múltiplos fundamentos que têm sido invocados como funcionando na qualidade de limites imanentes dos direitos fundamentais"[78]. Sendo a mesma a operação intelectual, quer na teoria dos limites imanentes, quer na teoria da colisão, apenas os bens ponderados variariam, podendo alguns, no primeiro caso, ser bens infra-constitucionais.

Uma última palavra é, no entanto, necessária para explicarmos o papel do conceito de conteúdo essencial de um direito fundamental, no âmbito da problemática do reconhecimento de limites imanentes. Com efeito, não será de aceitar que a imposição constitucional de protecção absoluta de um conteúdo essencial do direito reclama, afinal, a delimitação de um limite imanente ao direito? Entendemos que não, na medida em que o conceito de conteúdo essencial é ele mesmo um conceito relacional-dialéctico. Como nos ensina Vieira de Andrade "o conteúdo essencial [...] tem de entender-se como referido não ao direito, mas ao preceito constitucional (é essa, de resto, a letra da Constituição) enquanto norma de valor e garantia"[79]. Com isto quer significar-se que é a dignidade da pessoa humana, enquanto valor axial da Constituição, que deverá orientar a determinação do conteúdo essencial, aqui de um modo autónomo para cada direito, mas através de critérios de ponderação respeitantes ao sistema constitucional no seu todo. Isso explica que a dignidade da pessoa humana reclame para determinados direitos fundamentais uma virtual impossibilidade de restrição sem que se toque no conteúdo essencial (pense-se no direito à vida ou na dimensão do direito à integridade física e moral que proíbe a tortura). No entanto, tal já não acontece em situações limite como a da privação da liberdade. Nestas situações parece ser evidente que enquanto o indivíduo se encontra privado da liberdade, mesmo com as melhores condições, está a ser violado o conteúdo essencial do direito, resolvendo a Constituição este dilema, através de uma proibição de violação perpétua, isto é, o conteúdo essencial não pode ser privado definitivamente, neste exemplo, proibindo-se a prisão perpétua[80].

---

[77] Reis Novais, op. cit., pág. 443.
[78] Reis Novais, op. cit., pág. 444. Cf., por todos, quanto a este ponto, Reis Novais, op. cit., págs 445 e seguintes.
[79] Vieira de Andrade, *Os Direitos Fundamentais...*, pág. 297
[80] Vieira de Andrade, *Os Direitos Fundamentais...*, pág. 298.

No tocante à liberdade de comunicação social e ao direito à reserva da intimidade da vida privada, uma vez feita, como fizemos *supra*, a identificação do objecto (e do conteúdo mínimo irredutível, se nos quisermos aproximar de autores como Vieira de Andrade), importa agora questionarmo-nos sobre o conteúdo essencial dos direitos, com as perspectivas e limitações que apontámos.

No tocante à liberdade de comunicação social, dir-se-á, que o conteúdo essencial do direito deve ser encontrado na possibilidade efectiva de recolher, tratar e difundir informação ao maior número possível de destinatários através de um meio de comunicação. A forma técnica, o modo organizativo-empresarial e as opções de local e tempo da difusão da informação integram o restante conteúdo desta liberdade. O que deve permanecer assegurado é um mínimo de possibilidade de preparação e difusão de informação.

Quanto ao direito à reserva da intimidade da vida privada e devido à sua particular proximidade com o direito à integridade física e moral[81], reconduzimos o conteúdo essencial deste direito à possibilidade de impedir a investigação e divulgação dos aspectos da vida do sujeito que, no enquadramento valorativo constitucional, se entendam permitir-lhe determinar a sua consciência própria e da sua vontade de actuação.

Sintetizando tudo o que dissemos sobre a nossa posição quanto aos limites imanentes, no sentido de descoberta de um conteúdo possível no cotejo de direitos fundamentais e o que entendemos acerca da determinação do conteúdo essencial dos preceitos constitucionais diremos que no tocante aos direitos em apreço é impossível determinar *a priori* conteúdos impossibilitados pela Constituição, além de situações absurdas que estão, evidentemente excluídas do âmbito normativo dos direitos. Estamos aqui em presença de dois dos direitos fundamentais com o *tatbestand* mais alargado e em que por isso é muito difícil encontrar conteúdos proibidos. Mesmo quando pensamos em exemplos de situações hipotéticas de manifestação da liberdade de comunicação social ou do direito de reserva da intimidade da vida privada configurando crimes temos dificuldade em aceitar que estes casos consubstanciem limites imanentes destes direitos, surgindo-nos apenas como limitações ao seu exercício em função de uma potencial colisão de direitos. Como refere Vieira de Andrade, as normas penais são

---

[81] De que se distingue, em nossa opinião, por o direito à integridade moral se conformar num espaço de absoluta e vital determinação da vontade psíquica, a partir da qual se moldam as várias zonas da vida privada de um sujeito até se atingir a vida pública. Daí a proximidade que reconhecemos entre o direito à integridade moral e a esfera de segredo do direito à reserva da intimidade da vida privada, como espaços de absoluta manifestação da dignidade da pessoa humana.

leis harmonizadoras, sendo os conceitos legais aí utilizados critérios de ponderação, que devem orientar o juiz nos casos concretos [82]. Pense-se num caso em que um jornalista divulgue factos relativos à vida privada de uma pessoa, com intenção de devassar essa sua vida mas com o objectivo de assim alertar para uma iminente calamidade pública. Embora estejamos no âmbito do artigo 192° do Código Penal (CP) não entendemos a verificação de um tipo legal como uma exigência constitucional de verificação de um limite imanente à liberdade de comunicação social, mas, ao invés, uma potencial situação de conflito de direitos, a ser analisada com recurso a uma outra metódica.

Há, porém, uma situação em que admitimos uma figura de limitação do conteúdo possível de um direito fundamental que em muito se assemelha a um limite imanente: a da protecção dos indivíduos contra si próprios. Abordaremos esta questão no ponto seguinte a propósito da auto limitação de direitos.

b. Critérios de resolução de conflitos

Sempre que dois valores ou bens constitucionalmente protegidos estejam em contradição numa situação concreta estamos perante uma colisão ou conflito de direitos. Recuperando o que dissemos no ponto anterior, numa tentativa de superar o que opõe defensores dos limites imanentes e restante doutrina, entendemos que este é o momento em que o intérprete deve, interpretando as normas consagradoras de ambos os direitos, verificar se estamos na presença de uma efectiva colisão, isto é, se os domínios normativos de cada direito integram os comportamentos em causa. Esta operação interpretativa, a que alguns chamam de procura de limites imanentes, é a que nos certificará da existência de um real conflito e não, meramente, do exercício de um direito contra um exercício falso ou abusivo de outro direito. Mas nem sempre a fronteira é clara. No exemplo que demos *supra* do jornalista que viola a vida privada de um indivíduo, não reconduzimos, propositadamente, essa violação a uma das esferas de protecção. Tendo em conta que admitimos relevância à teoria dos limites imanentes no que toca à determinação do conteúdo essencial dos direitos, diríamos que só haveria verdadeiro conflito de direitos se a informação revelada pelo jornalista não dissesse respeito a matérias directamente expressivas da dignidade da pessoa, incluindo, pois, o conjunto de informações mais íntimas e típicas de integrar o núcleo de segredo da persona-

---

[82] Vieira de Andrade, *Os Direitos Fundamentais...*, pág. 318.

lidade. Isto porque concordamos com Vieira de Andrade quando afirma que "o conflito de direitos nunca afecta o conteúdo essencial de nenhum deles"[83]. Caso contrário não estaria realmente a ser exercida a liberdade comunicação social uma vez que por interpretação da norma referente, tendo como causa remota o direito à reserva da intimidade da vida privada, se interpretaria que aquele comportamento não era permitido pela norma. Havendo divulgação de informações respeitantes à vida privada mas que não se incluíssem nesse conteúdo essencial estaríamos perante um caso de conflito de direitos.

A resolução de problemas de colisão de direitos só pode ser encontrada com recurso à ponderação de todos os valores constitucionais em presença.

Como ensina a doutrina "deve atender-se, desde logo, ao âmbito e graduação do conteúdo dos preceitos constitucionais em conflito, para avaliar em que medida e com que peso cada um dos direitos está presente na situação em conflito – trata-se de uma avaliação fundamentalmente jurídica, para se saber se estão em causa aspectos nucleares de ambos os direitos, ou de um de ambos, aspectos de maior ou menor intensidade valorativa em função da respectiva protecção constitucional.

Deve ter-se em consideração, obviamente, a natureza do caso, apreciando o tipo, o conteúdo, a forma e as demais circunstâncias objectivas do facto conflitual, isto é, os aspectos relevantes da situação concreta em que se tem de tomar um decisão jurídica – em vista da finalidade e a função dessa mesma decisão.

Deve ainda ter-se em atenção, porque estão em jogo bens pessoais, a condição e o comportamento das pessoas envolvidas, que podem ditar soluções específicas, sobretudo quando o conflito respeito a conflitos entre direitos sobre bens e liberdades"[84].

Analisando um pouco mais estes momentos de ponderação diremos que numa primeira fase, partindo do caso concreto, procura subsumir-se uma determinada situação num enquadramento valorativo teórico-abstracto. Isto é, pretende reconduzir-se o caso concreto a um local particular do âmbito normativo do direito e assim, pela sua proximidade com o núcleo axial do objecto, compreender o grau de protecção constitucional que no caso concreto o direito merece.

Numa segunda fase, munidos já da valoração efectiva do caso concreto em relação ao *tatbestand* do direito, centramo-nos na ponderação dos elementos particulares do caso. Triados os elementos relevantes do caso

---
[83] Vieira de Andrade, *Os Direitos Fundamentais...*, pág. 314.
[84] Vieira de Andrade, *Os Direitos Fundamentais...*, pág. 317.

concreto e conhecedores da posição valorativa do direito em causa, devemos, numa última fase, olhar para os sujeitos do direito de modo a podermos aferir duas situações distintas. A saber, se alguns dos sujeitos é valorado especificamente pela ordem jurídica, v.g., em razão de cargos públicos ou especiais conhecimentos técnicos; ou, se algum dos sujeitos, fornece pela sua conduta, meios de ponderar diferentemente os bens em causa. Pensamos aqui nos casos de renúncia de direitos.

Quer isto dizer que aí onde encontremos situações de conflito entre a liberdade de comunicação social e o direito à reserva da intimidade da vida privada devemos aplicar esta metódica de ponderação ancorada numa aplicação do princípio da proporcionalidade [85], na sua tríplice divisão, princípio da adequação, da necessidade e da proporcionalidade *strictu sensu*.

Como refere Jónatas Machado "subjacente ao princípio da proporcionalidade está o reconhecimento de que em matéria de direitos, liberdades e garantias é praticamente impossível escapar a uma metodologia de ponderação de bens jurídicos em competição" [86].

Assim num primeiro momento devemos ponderar o caso concreto de modo a podermos, quanto à liberdade de comunicação social reconduzi-lo a um determinado ponto do seu objecto, para tal tomando em consideração, como referimos na Parte II, os bens e valores que a Constituição pretende proteger, com maior ou menor intensidade, como seja a utilidade pública e social da divulgação do facto (quanto maior mais próximo se encontrará o caso concreto da zona axial do direito), a natureza da informação revelada (de interesse público ou de mero interesse do público) [87]; quanto ao direito

---

[85] Sobre o princípio da proporcionalidade enquanto "metaprincípio vocacionado para a resolução de conflitos entre os direitos e interesses constitucionalmente protegidos..." cf., Jónatas Machado, op.cit. págs. 727 e segs.

[86] Jónatas Machado, op. cit., pág. 727.

[87] Gostaríamos aqui de sublinhar, mais uma vez, que embora nos tenhamos pronunciado contra um conceito de liberdade de comunicação social valorativo não o confundimos com um conceito de liberdade de comunicação social exercido sem valoração. Entendemos que o que deve ser valorado é o exercício de um direito ou liberdade e não o seu próprio conceito. O que a Constituição pretende não é criar, embora o possamos ensejar, uma hierarquia de direitos fundamentais valorados com recurso a critérios específicos, mas antes, com recurso a valores identificados, como sejam a dignidade da pessoa humana, a igualdade e a auto-determinação da personalidade, enquadrar, em cada momento, o exercício desses direitos. Ou seja a Constituição reconhece um corpo de liberdades fundamentais escoradas num conjunto de valores constitucionais que, por sua vez, se pulverizam sobre essas mesmas liberdades fundamentais. O máximo que se pode obter são blocos de liberdades fundamentais valoradas mais importantes do que outras, por mais perto do seu núcleo valorativo, mas, quanto à sua ponderação autónoma, só no momento da resolução da colisão podemos efectivamente incorporar no direito uma dimensão valorativa própria com recurso ao

à reserva da vida privada, devemos ponderar o caso concreto, no intuito de determinar a sua posição no esteio valorativo do direito tendo em conta, desde logo, as esferas da vida privada a onde podemos reconduzir a informação, sendo igualmente relevante se essa informação foi investigada ou revelada.

Num segundo momento e terceiro, consideramos autonomamente o caso concreto de modo a isolar as suas dimensões relevantes: o meio de comunicação utilizado para difundir a informação, o público que a ela pode aceder, a condição das pessoas visadas e a sua conduta no processo de divulgação da informação.

Em bom rigor, o que aqui distinguimos em três fases, para benefício de exposição e clareza, é feito num processo dialéctico e conjunto em que a análise jurídica da relação entre o *tatbestand* do direito, as variáveis do caso concreto e a natureza dos sujeitos, se condensam numa única actividade intelectual.

No ponto seguinte aplicaremos estes critérios às situações de colisão entre os direitos em estudo nos casos existentes no que concerne a investigação e divulgação de informações, operando os três sub-princípios extraídos do princípio da proporcionalidade de modo a testar as soluções encontradas para a resolução do conflito de direitos.

(i) Autolimitação de direitos

A problemática da autolimitação de direitos fundamentais está amplamente eivada de considerações valorativas. O entendimento que tenhamos da possibilidade de renúncia de direitos fundamentais pelo próprio titular será necessariamente deduzida da compreensão que perfilhemos da posição do indivíduo na comunidade em que se integra. Num momento posterior teremos de confrontar esse entendimento com a amplitude permitida pela Constituição.

Assim, por um lado, ao indivíduo deve ser reconhecido a possibilidade de renunciar a parte do objecto do seu direito e, logo, a uma parcela do seu conteúdo enquanto conjunto de manifestações concretas possíveis. Essa renúncia deve ser feita na máxima garantia da liberdade do sujeito, ou seja, deve ser própria, esclarecida e inequívoca. No entanto, esta renúncia, deve

---

enquadramento constitucional, caso concreto e seus sujeitos. Neste sentido torna-se relevante a noção de interesse público, valor fundamental da Constituição no que concerne à aferição da dimensão concreta da manifestação da liberdade de comunicação social. Já o mero interesse do público não pode ser valorado com a mesma intensidade, pois não resiste à aplicação de critérios fundamentais da Constituição como sejam a imparcialidade, a igualdade e, muitas vezes, no caso de alguns programas televisivos, a dignidade da pessoa humana.

encontrar limitações no que toca ao conteúdo essencial do direito. Entendemos que, aí, os valores comunitários e consubstanciados na Constituição devem impor-se ao próprio titular do direito como forma de salvaguarda de um mínimo universal da dignidade pessoa humana [88]. Para os autores que reconhecem relevância aos limites imanentes, esta protecção do indivíduo contra si mesmo é feita com recurso a identificação de um destes limites, que, estando excluído do objecto do direito, por oposição aos valores constitucionais, não poderia fundar um exercício concreto do direito, erigindo-se como seu limite. Acompanhamos estes autores quando a identificação destes limites imanentes corresponde ao conteúdo essencial. [89]

3. Potenciais áreas de conflito da liberdade de comunicação social e do direito à reserva da intimidade no ciberespaço

a. A investigação da vida privada no ciberespaço através de meios de comunicação social

Começamos a análise do confronto da liberdade de comunicação social com o direito à reserva da intimidade de vida privada analisando o espaço possível de investigação da vida privada pelos meios de comunicação social *online*.

Para isso devemos compreender que cada vez que um individuo acede a um meio de comunicação *online* existe um conjunto variado de informações pessoais, inequivocamente integradoras do objecto do direito à reserva da intimidade da vida privada, respeitantes ao seu computador, ao tipo de ligação à internet e aos hábitos de navegação na mesma, que podem ser recolhidas por esse meio de comunicação. Veremos de seguida por que formas podem os meios de comunicação social recolher informações pessoais dos indivíduos que os utilizam.

---

[88] Não ignoramos, como referimos, que este entendimento não é unânime e pacífico. As correntes liberais libertárias defendem uma total capacidade de disposição da personalidade por parte do sujeito, baseada num individualismo filosófico. Para os autores que perfilham este entendimento os sujeitos podem dispor total e livremente da sua personalidade e de todos os direitos que possuem na sua esfera jurídica.

[89] Isto porque como referimos reconhecemos relevância à teoria dos limites imanentes na determinação do conteúdo essencial do direito, ainda que com o carácter pressuponente explicado.

(i) Chatter e Logging

Sempre que um utilizador se liga à internet o seu computador comunica com outros computadores para aceder a *websites* específicos, como sejam os de meios de comunicação social. A esta comunicação entre o computador do utilizador e outros computadores dá-se o nome de *chatter* e através dela são transmitidos dados referentes ao programa de navegação na internet usado pelo utilizador e outros dados referentes a software [90], assim se fazendo o registo do computador do utilizar, o *logging*. Pode ainda o *host-computer* [91] do *website* do meio de comunicação social utilizar esses dados para determinar a presença do computador visitante (e, logo, do utilizador) noutros *websites* [92].

Os dados conseguidos por um meio de comunicação social através do *chatter* e do *logging* só em raras ocasiões integram dados protegidos pelo direito à reserva da intimidade da vida privada, uma vez que é praticamente impossível relacioná-los com a identidade do sujeito que utiliza o computador. Com efeito as informações recolhidas nesses momentos (*chatter* e *logging*) dizem respeito ao computador do indivíduo não revelando contudo a sua identidade. No entanto, em algumas excepções, pode o meio de comunicação social, se tiver acesso aos dados do fornecedor de ligação à internet, estabelecer uma correspondência entre computador e sujeito. Neste caso os dados conseguidos pelo meio de comunicação social integram o conteúdo do direito à reserva da intimidade da vida privada pois permitem reconhecer comportamentos padrão do utilizador no que concerne a horários de utilização e duração de consultas.

(ii) Cookies

No momento do *chatter* e do *logging* o *host computer* pode ainda aceder ao computador do utilizador através da colocação no mesmo de um pequeno ficheiro de texto contendo um identificador único e específico para aquele utilizador, o denominado *cookie*. Sempre que um utilizador aceda a um *website* pela primeira vez o *host computer* pode enviar um *cookie* para o computador do utilizador. Este ficheiro passará a identificar o computador do utilizador sempre que este volte a aceder ao *website*. Nesse caso o host *computer* saberá que um determinado utilizador voltou, com que frequência

---

[90] Cf. http://privacy.net , onde se pode fazer uma análise à nossa ligação de internet de modo a sabermos tudo o que um *site* conhece cada vez que a ele acedemos.

[91] Designa-se de host computer o computador que aloja a informação que o utilizador pretende consultar, servindo por isso de anfitrião ao computador do utilizador.

[92] Cf. Bradford Smith, op. cit., pág. 409 e Stefano Nespor, op. cit., pág. 82.

o faz, saberá os dados associados àquele utilizador, graças ao *chatter* e ao *logging*, como por exemplo, as suas preferências no que toca a escolhas dentro do *website*.

Os *cookies* são ficheiros neutros, isto é, a sua utilização poderá ser boa ou má consoante o destino que servir no *host computer*. Por um lado podem ser utilizados para registar as preferências de consumo dos utilizadores de lojas electrónicas como é o exemplo paradigmático da *Amazon* [93]. Por outro lado podem ser utilizados para identificar e registar computadores individuais e preferências no tocante a matérias de escolha íntima em determinados *websites* [94], ainda que não revelem necessariamente a identidade anagráfica do utente [95].

Quanto aos *cookies*, o mesmo se diga quanto ao que deixámos referido para o *chatter* e o *logging*, com uma mais intensa valoração. Os *cookies*, se permitidos pelo utilizador, não só revelam padrões de utilização do computador e acesso à internet, como revelam, além disso, hábitos de navegação e/ou consumo na WWW. Os dados conseguidos pelos meios de comunicação graças a este mecanismo integram, em nossa opinião uma esfera média de protecção da vida privada, podendo variar consoante as informações de navegação e ou consumo que efectivamente revelem. Apenas o casuísmo nos pode revelar se a utilização de *cookies* servirá o exercício da liberdade de comunicação social, provocando, nessa medida, um conflito entre os dois direitos em estudo.

(iii) Investigação e armazenamento do clickstream do utilizador

O *clickstream* significa em português fluxo de acessos, ou seja, representa a cadeia de hiperligações (*hyperlinks*) que vamos construindo à medida que navegamos de página em página dentro de um *website* ou entre vários *websites*. É o resultado aplicado das informações conseguidas com o *chatter*, *logging* e *cookies*, através de software específico. O *host computer* pode reunir e tratar a informação do *clickstream* do utilizador de modo a identificar padrões nos comportamentos de navegação do mesmo [96].

Quanto à integração dos dados referentes ao *clickstream* no objecto do direito à reserva da intimidade da vida privada, no seguimento do que dissemos a propósito dos *cookies*, não restam dúvidas de que integram

---

[93] Cf. www.amazon.com e www.amazon.co.uk
[94] Cf. Bradford Smith, op. cit., pág. 410
[95] Cf. Stefano Nespor, op.cit., pág. 83
[96] Cf. Bradford Smith, op. cit., pág. 410 e Stefano Nespor, op. cit., pág. 79-82, com particular enfoque para o exemplo orwelliano dado por este último.

também uma esfera média de protecção, que poderá variar consoante o conteúdo específico da cada *clickstream*.

Um meio de comunicação social ao utilizar esta informação para noticiar algo sobre um sujeito pode assim fazer colidir liberdade de comunicação social e direito à reserva da intimidade da vida privada.

O *clickstream* fica registado nos ficheiros *log* de servidor, incluídos no ponto (i). Da mesma forma, fica igualmente registado o sistema operativo, nacionalidade, IP de acesso e fornecedor de acesso à Internet.

É igualmente possível, da mesma forma, saber se determinado utilizador abriu um *e-mail* e se clicou num *link*.

b. Divulgação da vida privada no ciberespaço através dos meios de comunicação social

A divulgação de informações relativas a vida privada de um sujeito nas suas várias esferas de protecção conhece no ciberespaço alguns aspectos que importa salientar, dependentes, como temos vindo a sublinhar, das particulares características do mundo virtual.

Assim, antes de mais, a informação disponibilizada no ciberespaço tem uma capacidade de dano muito elevada, apenas equiparável a meios de comunicação de massas de grande projecção como redes televisivas mundiais ou jornais distribuídos globalmente, devido ao elevado número de destinatários à qual pode chegar. Com efeito, a partir do momento em que uma dada informação é colocada na *internet* o seu potencial de difusão são os milhões de computadores que integram as várias redes que alimentam a Rede. Deste modo a divulgação de informações relativas à vida privada dos indivíduos, na internet, ganha particular relevo, pois não só a exposição da vida íntima se encontra potenciada quanto aos destinatários mas também se encontra disperso o meio através do qual a informação é difundida.

Apenas casuisticamente podemos determinar as situações em que existe um real conflito entre a liberdade de comunicação social, consubstanciada na divulgação de informações relativas a dados pessoais e o direito à reserva da intimidade da vida privada manifestada através do poder de impedir essa manifestação. Deixámos *supra* indicados os pontos que devemos valorar num juízo de ponderação metódica em caso de conflito. Nos casos em que entendamos que a natureza e interesse público da informação não é superior ao valor da informação para o sujeito a que respeita, no enquadramento específico da situação em causa, então devemos comprimir a manifestação da liberdade de comunicação social impedindo ou reprimindo a divulgação das informações. Sobre isso trataremos adiante. Deve, no entanto, ficar claro que o potencial de lesão do ciberespaço é o mais elevado possível de entre todos os cenários, quer pelo número de destinatários a que pode chegar quer pela dificuldade em localizar a fonte do dano. Tal deve ser considerado na análise do conflito de direitos.

c. Intrusão na vida privada

Há ainda uma terceira dimensão da relação entre a liberdade de comunicação social e o direito à reserva da intimidade da vida privada que importa enunciar. Referimo-nos ao acesso, por parte dos utilizadores, a informação não desejada. Tal pode acontecer uma vez que a *world wide web*, como se explicou, assenta numa estrutura de hiperligações através dos quais os utilizadores navegam entre conteúdos disponíveis em várias páginas.

Esta é a temática central dos estudos sobre protecção da reserva da intimidade da vida familiar, uma vez que se colocam aqui problemas relativos ao acesso, por crianças, de conteúdos prejudiciais.

No âmbito do nosso trabalho o problema está necessariamente limitado. Importa-nos aqui estudar a forma como os meios de comunicação social *online* podem provocar a intrusão na vida privada de conteúdos que o utilizador não pretende e pode mesmo considerar ofensivos [97]. Tal pode acontecer através de hiperligações nas *webpages* de meios de comunicação para páginas com conteúdos não pretendidos [98].

A forma como esta intrusão deve ser valorada no que toca a uma potencial colisão com a intimidade da vida privada é distinta das referidas até ao momento. Nestas situações o sujeito é exposto a dados a que não pretende aceder. Não se trata de uma situação em que é a própria vida do sujeito que é exposta mas, ao invés, uma situação em que são expostos perante o sujeito, ou a sua família, dados que, por alguma forma, agridem a intimidade das suas vidas. Como se pode compreender esta não é uma situação que se possa reconduzir a distinção típica na doutrina de, investigação e divulgação da vida privada [99].

---

[97] Não estamos aqui a pensar nos conteúdos ilegais uma vez que estes são tutelados pela lei penal e escapam ao escopo deste trabalho.

[98] A este propósito é importante que os meios de comunicação social *online* informem os seus utilizadores sobre os conteúdos, noutras páginas, para que poderão ser enviados através de hiperligações. Veja-se a título de exemplo que a Radiotelevisão portuguesa, no seu site, em www.rtp.pt , nos seus Termos e Condições informa que "4. A RTP Multimédia / Viver Portugal S.A. permite ligações a outros sites na Internet, mantidos por terceiros. Nem a RTP Multimédia / Viver Portugal S.A. nem as suas participadas ou participantes controlam ou operam as informações, produtos ou serviços de sites de terceiros, declinando qualquer tipo de responsabilidade a eles inerentes".

[99] Cf. Bradford Smith, op. cit., pág., 398.

O primeiro aspecto que importa referir é que só pode considerar-se intrusão na vida privada uma situação em que o sujeito seja inadvertidamente exposto a informação que considere ofensiva. Se o sujeito tiver conhecimento da possibilidade de encontrar esse tipo de dados não há verdadeiramente intrusão na vida privada, como aqui a enunciámos.

Por outro lado é importante considerar a exposição a informações consideradas prejudiciais ou ofensivas em adultos e menores, acompanhando-se aqui a distinção constitucional entre reserva da intimidade da vida privada e familiar. Com efeito, um sujeito maior e esclarecido, consciente dos potenciais dados que pode encontrar *online* ao consultar um meio de comunicação social actua numa área de liberdade que já não deve ocupar o Direito [100], o mesmo não se podendo dizer quanto a um menor que ao consultar o mesmo meio de comunicação social inadvertidamente entra em contacto com dados que o podem impressionar.

Estas questões não podem ser resolvidas simplisticamente através de tipos penais, uma vez que em muitas ocasiões o sentimento de ofensa e as consagrações normativas não coincidem, quer porque existe dissensão valorativa entre os dados sensíveis para um determinado indivíduo e aqueles integrados no tipo penal, quer porque ainda não foi regulado criminalmente determinada forma de exposição de dados.

Neste sentido é necessário fazer uma graduação, que deve levar em conta o direito penal, enquanto disciplina que divisa critérios de ponderação de potenciais conflitos entre o direito de um sujeito a impedir que inadvertidamente tenha acessos a conteúdos que considere ofensivos ou que a ordem jurídica repute de ilícitos e a liberdade de comunicação social em divulgar esses conteúdos até ao limite da legalidade.

Estando excluídas as situações em que o próprio sujeito, maior e esclarecido, deseje conscientemente aceder aos conteúdos, bem como aquelas em que o sujeito aceda a conteúdos ilícitos, devemos preocupar-nos com a situação em que sujeito e menores acedem inadvertidamente a conteúdos que consideram ofender a sua intimidade. Estamos, como é evidente, perante uma colisão dos direitos em análise com soluções possíveis distintas graças à maior maleabilidade do ciberespaço.

---

[100] O Direito deve apenas assegurar as condições para que o sujeito possa tomar as suas decisões de modo livre e esclarecido.

4. Paliativos

Depois de estudados os mecanismos metódicos de resolução de conflitos desses direitos fundamentais e analisados os âmbitos possíveis de contacto entre a liberdade de comunicação social e o direito à reserva da intimidade da vida privada é chegado o momento de procedermos a uma síntese entre os aspectos que elencámos como potencialmente conflituantes e a metódica resolutiva proposta, de modo, a que possamos encontrar paliativos para a tangência de ambos os direitos.

A primeira das questões fundamentais que devemos começar por discutir diz respeito à melhor abordagem da resolução de um conflito efectivo dos direitos. Podemos optar, por um lado, por uma perspectiva auto-regulatória com menor pendor dos órgãos de soberania, quer do poder legislativo quer do poder judicial; ou podemos, desde logo, adoptar uma postura legiferante, de modo a criar critérios de ponderação que permitam responder aos potenciais conflitos em sede judicial, quer plasmando-os em lei, quer para que sirvam de operadores metódicos para o poder judicial.

A nossa análise passará pela bipartição entre investigação da vida privada, por um lado, e a divulgação e a intrusão da vida privada, por outro, procedendo-se ao estudo dos potenciais conflitos de direito com recurso a soluções de auto-regulação e soluções de regulamentação.

Uma última palavra para recordar que os mecanismos que iremos estudar terão de estar particularmente preparados para a deslocalização dos elementos que produzem o dano. Assim, o fornecedor de conteúdos pode estar sediado num país, albergar a informação num outro e vir a provocar danos num terceiro país.

A. Auto-regulação

a. Contra a investigação

As formas de investigação da vida privada dos utilizadores de *websites* de meios de comunicação social permitem aos mesmos reunir um conjunto de dados pessoais relativos ao público que os visita. Tal como referimos atrás este é um aspecto novo e característico do ciberespaço, onde graças à interactividade, os meios de comunicação conhecem virtualmente os seus utilizadores.

Assim sendo é importante aferir qual o grau de protecção que merecem os dados disponíveis online e passíveis de serem recolhidos pelos meios de comunicação social através dos mecanismos que atrás apresentámos.

Entendemos que quanto à investigação da vida privada esta deve ser tratada de acordo com uma aproximação tendencial à teoria das esferas de protecção que enunciámos na Parte III deste trabalho.

Assim, as informações directamente relacionadas com bens de protecção constitucional máxima, apurados com recurso ao critérios da dignidade da pessoa humana e do reconhecimento constitucional formal não podem ser investigadas pelos órgãos de comunicação social sob pena de ser violar o conteúdo essencial do direito à reserva da intimidade da vida privada, por se atingir a sua esfera de maior protecção.

Esta área de protecção, no entanto, é mais salvaguardada, uma vez que os meios de comunicação social são apenas servidores de conteúdos não podendo, portanto, relacionar a informação que adquirem sobre um utilizador quando este visita o seu *website* e a identidade pessoal do mesmo. Apenas os servidores de acesso ou ligação à rede podem identificar a pessoa que acede ao *website*.

Uma situação distinta acontece, porém, no caso dos meios de comunicação social *online* que solicitam o registo do utilizador para que este possa aceder aos seus serviços [101] ou que por qualquer outra razão solicitem informações aos seus utilizadores. Aqui é particularmente importante distinguir entre uma situação de consentimento do utilizador e uma situação de não consentimento.

No primeiro caso o utilizador prestou livremente dados pessoais ao meio de comunicação em causa, devendo ser informado pelo mesmo dos fins para que se destinam os dados fornecidos. Nestes casos admite-se a recolha de informações desde que a disponibilização de informações que possam ser consideradas como pertencentes à esfera de segredo seja meramente temporária ou o consentimento possa ser retirado ou suspenso. Igualmente pertencentes à vida privada do utilizador são, pois, os dados que não revelando a sua identidade são ainda dados pessoais que permitem conhecer os hábitos do mesmo na internet. Dados que podem ser utilizados pelos meios de comunicação social para fins que o utilizador desconhece.

Assim sendo no âmbito da auto-regulação são vários os mecanismos que quer do lado do utilizador, quer do lado do meio de comunicação social podem ser utilizados para minimizar potenciais conflitos.

---

[101] Neste caso toda a informação conseguida online pode ser associada à identidade do subscritor do serviço. É o que hoje acontece com parte do serviço noticioso do jornal Público e do jornal Expresso.

(i) PET's (Privacy Enhancing Technologies)

As PET's contêm conjuntos de mecanismos que permitem aos utilizadores apagar os vestígios pessoais das suas mensagens ou acções na internet de modo a que não se possa associar um dado conteúdo a um utilizador (mesmo que esse utilizador seja ele mesmo anónimo).

As duas principais tecnologias que integram a categoria agora analisada são o *anonymous remailing* e o *anonymous surfing*. No primeiro caso estamos perante uma forma de envio de *e-mails* sem revelação de identidade, através da encriptação de dados considerados pessoais; no segundo caso permite-se ao utilizador evitar que o *host-computer* com que entra em contacto possa recolher informações sobre o seu computador, programas de navegação, endereço IP e últimos *websites* visitados [102]. Isto é possível através de um designado *anonymizer software* que, bloqueando o *chatter* impede a recolha de informações sobre o computador e o *clickstream* do utilizador [103]. Desta forma qualquer pessoa que aceda à página de *web* de um meio de comunicação social manter-se-á incógnito, situando-se no mesmo plano que um normal comprador de um jornal ou um espectador de televisão. Se comunicar, v.g., para efeitos de registo num *website*, por e-mail, o mesmo tipo de anonimato é possível.

(ii) Programas de gestão de cookies

No que concerne ao controlo da informação que pode ser recolhida através de *cookies*, existem mecanismos incluídos na maioria dos programas de navegação na *world wide web* que permitem escolher aceitar ou rejeitar *cookies*, quer em bloco, quer relativamente a *sites* específicos. Os principais programas de navegação como o *Internet Explorer,* o *Netscape* ou o *Firefox* incluem este tipo de mecanismos.

(iii) P3P – Platform for Privacy Preferences Project

O Consórcio *World Wide Web* [104] desenvolveu um mecanismo que pode ser um avanço decisivo numa política de auto-regulação da investigação da intimidade da reserva da vida privada *online*. Através do *software* P3P o utilizador pode criar o seu próprio perfil de privacidade e integrá-lo no programa de navegação na WWW. Assim, cada vez que o utilizador pre-

---

[102] Cf. Stefano Nespor, op. cit., pág. 86 e 87.
[103] Cf. Bradford Smith, op. cit., pág. 411.
[104] O Consórcio World Wide Web é uma organização privada de profissionais e utilizadores de internet que se opõe à adopção de medidas rígidas no que toca à regulamentação do ciberespaço, preferindo soluções de auto-regulação.

tender aceder a uma página o computador verificará as suas características determinando se estão de acordo com as preferências especificadas. Se tal acontecer a ligação é feita, caso contrário o computador impedirá o acesso à página de modo a que não sejam reveladas informações que aquele utilizador específico não pretende [105]. Assim no caso do acesso a um *site* de um meio de comunicação social, o computador de cada utilizador verificaria as práticas de investigação programadas pelo *host-computer* e permitiria ou não a ligação consoante as preferências desse mesmo utilizador.

Com estes mecanismos utilizadores e meios de comunicação social tentam mitigar possíveis conflitos entre a liberdade de comunicação social e reserva da intimidade da vida privada, partindo de uma perspectiva de controlo da cada utilizador em face das possibilidades de cada meio de comunicação social.

No entanto, nenhum destes mecanismos é completamente seguro não se podendo, por isso, desresponsabilizar os meios de comunicação social simplesmente porque os indivíduos têm ao seu dispor formas de controlar a investigação passível de ser feita aos seus computadores pessoais. Daí a tensão entre soluções de auto-regulação e de pura legislação e regulação.

b. Contra a divulgação

A natureza dos potenciais conflitos entre a divulgação de informações no âmbito da liberdade de comunicação social e o direito de reserva da vida privada mediante o impedimento de tal divulgação levam a que não exista muito espaço para mecanismos de auto-regulação no que concerne à divulgação de informações. Com efeito, geralmente, ao contrário do que sucede com a investigação, mais automática e nem sempre com fins específicos mas antes com fins genéricos de recolha de dados, na divulgação de informação no ciberespaço, por parte de meios de comunicação, há uma intenção inequívoca de transmitir aqueles dados específicos, muitas vezes com conhecimento da sua sensibilidade e potencial conflito com a vida privada do indivíduo visado.

Assim sendo, fora das hipóteses de regulamentação com possibilidade de recurso ao poder judicial, apenas são configuráveis situações denominadas de *notice and take down* voluntário [106].

---

[105] Cf. Bradford Smith, op. cit., pág. 412.
[106] Cf. Bradford Smith, op. cit., pág. 396

Esta denominação anglo-saxónica designa um mecanismo pelo qual o utilizador comunica ao meio de comunicação social, ao fornecedor de conteúdos ou mesmo ao fornecedor de acesso, a existência de dados *online* que violam a sua reserva de intimidade da vida privada. Se assim for entendido pela entidade avisada esta voluntariamente retirará o conteúdo lesivo do ciberespaço. Quanto aos casos de possível *notice and take down* obrigatório abordaremos essa perspectiva a propósito dos meios legislativos e regulatórios.

c. Contra a Intrusão

(i) PICS – Platform for Internet Content Selection

A PICS [107] é um sistema padrão que pretende harmonizar os vários sistemas de classificação de conteúdos na internet, de modo a que se reúnam o máximo possível de informações respeitantes ao conteúdo de *sites* na WWW. Desta forma os utilizadores, mediante um *software* de filtragem e verificação, que controla os conteúdos de cada página associada à PICS, nunca acedem a páginas com conteúdos que entenderiam ofensivos [108]. Tudo está dependente do adequado software de filtragem, compatível com o PICS.

Com este sistema e o *software* apropriado um utilizador de um meio de comunicação social *online* pode filtrar toda a informação acedendo apenas à pretendida, assim se evitando uma potencial colisão entre a liberdade de comunicação social e o direito à reserva da intimidade da vida privada.

(ii) Net-iquette

A doutrina anglo-saxónica refere-se comummente ao surgimento de uma net-iquette, códigos de conduta para conteúdos não ilegais mas que possam ser susceptíveis para alguns utilizadores. Estes códigos são elaborados pelos fornecedores de conteúdos estando por isso a última palavra na determinação das suas regras nas mãos desses mesmo fornecedores de conteúdos.

Como pretendemos demonstrar *infra* este tipo de etiqueta do ciberespaço é particularmente útil se combinada com mecanismos normativos e regulatórios.

---

[107] Cf. http://www.w3.org/PICS/
[108] Cf. John McGuire, op. cit., págs. 783 a 79 e Bradford Smith, op cit., pág. 406.

B. Legislação e regulação

A par do fomento de medidas de auto-regulação, sobretudo nos Estados Unidos da América, desenvolveu-se uma preocupação com um enquadramento normativo no que concerne à protecção de dados pessoais no ciberespaço. É sobretudo na Europa, sob o impulso da União Europeia, que se desenvolvem esforços para regular a actuação dos fornecedores de acesso e de conteúdo, de modo a que os dados pessoais dos utilizadores sejam protegidos. Isto é, a regulamentação comunitária e nacional preocupa-se sobretudo com aquilo que temos denominado de investigação da vida privada no ciberespaço, bem com a intrusão na vida privada. Os aspectos relacionados com a divulgação de informações pessoais são também uma razão de preocupação.

a. Contra a investigação

(i) A Directiva 95/46/CE

A Directiva 95/46/CE, de 24 de Outubro foi o primeiro texto normativo que se debruçou sobre a protecção dos indivíduos no que diz respeito ao tratamento de dados pessoais e à livre circulação desses dados. No entanto as preocupações desta directiva eram ainda de transmissão de informações em bancos de dados não necessariamente em rede ou, unicamente em redes fechadas. Assim sendo, não se cuidava da exposição destes dados em rede aberta como a internet com as suas gravosas consequências. Por outro lado o desenvolvimento de tecnologias de acesso a dados pessoais através do computador do utilizador não tinha ainda atingido os graus de precisão e sofisticação que hoje conhecemos e que apresentámos supra.

(ii) A Directiva 97/66/CE

A Directiva 97/66/CE, de 15 de Dezembro de 1997, relativa ao tratamento de dados pessoais e à protecção da privacidade no sector das telecomunicações, foi o passo lógico e necessário de actualização da Directiva 95/46/CE e de consagração de mecanismos que respondessem ao crescimento de utilizadores da internet e difusão de tecnologias de investigação e partilha de dados pessoais.

O princípio fundamental trazido por esta directiva é aquele que podemos encontrar enunciado no seu Considerando 17, que se transcreve pela sua importância:

> "Considerando que os dados relativos aos assinantes tratados para estabelecer chamadas contêm informações sobre a vida privada das

pessoas singulares e afectam o seu direito à privacidade das comunicações ou os legítimos interesses das pessoas colectivas; que esses dados apenas podem ser armazenados na medida do necessário para a oferta do serviço para efeitos de facturação e de pagamentos de interligação, e por um período limitado; que quaisquer outros tratamentos que o fornecedor do serviço de telecomunicações acessível ao público possa querer efectuar para a comercialização dos seus próprios serviços de telecomunicações só pode ser autorizado se o assinante tiver com isso concordado e na base de informações completas e exactas do fornecedor do serviço de telecomunicações acessível ao público sobre os tipos de tratamento posterior que pretenda efectuar".

Como podemos constatar quanto ao fornecedor de acesso, não ainda o de conteúdos, esboça-se uma preocupação em limitar o acesso a dados pessoais estritamente ao necessário para oferta de serviço, para efeitos de facturação e de pagamentos de interligação e sempre por períodos limitados.

No entanto, além da não referência explícita aos fornecedores de conteúdos, a Directiva não conseguiu, apesar de tudo, actualizar o enquadramento jurídico no que toca à protecção contra a investigação de dados pessoais *online* e forma de intrusão.

Outro aspecto de particular importância foi a determinação na Directiva de um conjunto de dados designados sensíveis que merecem um tratamento especial.

Assim, de acordo com o artigo 8º da Directiva deve ser proibido "o tratamento de dados pessoais que revelem a origem racial ou étnica, as opiniões políticas, as convicções religiosas ou filosóficas, a filiação sindical, bem como o tratamento de dados relativos à saúde e à vida sexual". Esta regra pode conhecer excepções que analisaremos a propósito da lei que operou a transposição da Directiva. Importante é notar que o legislador comunitário pretendeu construir o que podemos designar de conteúdo essencial da protecção de dados pessoais.

(iii) A lei n.º 67/98

A Lei n.º 67/98 (Lei de Protecção de Dados Pessoais), de 26 de Outubro, procedeu à transposição da Directiva n.º 95/46/CE.

Sobre esta lei pode dizer-se o mesmo que se afirmou quanto à Directiva alvo de transposição. O seu maior mérito foi a criação da Comissão Nacional de Protecção de Dados (CNPD), entidade administrativa independente, com poderes de autoridade e com a atribuição de controlar e fiscalizar o cumprimento das disposições legais e regulamentares em matéria de protecção de dados pessoais.

A CNPD recebe importante poderes de ponderação de interesses que nos importam no âmbito deste trabalho.

Assim no que diz respeito à admissão de excepções à proibição de tratamento de dados sensíveis, consagrada no n.º 1 do artigo 7º, cabe à CNPD autorizar o tratamento de dados sensíveis "quando por motivos de interesse público importante esse tratamento for indispensável ao exercício das atribuições legais ou estatutárias do seu responsável, ou quando o titular dos dados tiver dado o seu consentimento expresso para esse tratamento....". Acrescente-se que o tratamento de dados sensíveis é ainda permitido nos casos previstos nas alíneas do n.º 3 do artigo 7º.

Daqui se pode concluir que no que diz respeito a este dados sensíveis, que podemos reconduzir à esfera de maior protecção da vida privada, os meios de comunicação social *online* apenas os podem investigar, tratar e divulgar com consentimento do próprio titular.

A CNPD dispõe ainda de uma importante papel de mediador entre os sujeitos cujos dados são investigados e recolhidos por meios de comunicação social e esses mesmos meios de comunicação social.

Assim, no seguimento do direito de informação plasmado no artigo 10º no tocante ao tratamento de dados pessoais, o indivíduo tem ainda direito de acesso a esses dados nos termos do artigo 11º. Uma vez que o n.º 6 do artigo 10º estabelece como excepção à obrigação de informação plasmada nas alíneas do seu n.º 1, respeitantes à identidade do responsável pelo tratamento e sua finalidade e destinatários, o tratamento de dados efectuado para fins exclusivamente jornalísticos [109] ou de expressão artística e literária, a lei vem estabelecer, no n.º 3 do artigo 11º, que nos casos em que o utilizador pretenda exercer o seu direito de acesso aos dados possuídos por jornalistas ele é exercido através da CNPD com salvaguarda das normas constitucionais aplicáveis, designadamente as que garantem a liberdade de expressão e informação, a liberdade de imprensa e a independência e sigilo profissionais dos jornalistas.

Aqui se contém um momento crucial no que respeita ao nosso estudo. Com efeito, o que se pretende com a norma do n.º 3 do artigo 11º da Lei n.º 67/98 é atribuir ao CNPD uma função de primeira ponderação de bens constitucionais, com recurso ao princípio da proporcionalidade nas suas

---

[109] Os fins "exclusivamente jornalísticos" referidos no n.º 6 do artigo 10º da lei devem hoje ser interpretados à luz das exigências impostas pelos Estatutos da ERC, já referidos, quando convocam conceitos como "tratamento editorial" "organização como um todo coerente" (alínea e) do artigo 6º) e "exigência e rigor jornalísticos" (alínea d) do artigo 7º). Tal terá como consequência, necessariamente, um maior rigor na recolha e tratamento de dados pessoais por parte dos meios de comunicação social.

dimensões da adequação, necessidade e do meio em relação ao fim, sempre que houver de compatibilizar o direito do sujeito a aceder e controlar o uso dos seus dados pessoais e o direito dos jornalistas em aceder e tratar informação respeitante a esses dados. O CNPD actua, assim, nas palavras do próprio preceito, para a salvaguarda da liberdade de comunicação social, devendo entender-se esta salvaguarda como ponderação e optimização desta liberdade em face do direito à reserva da intimidade da vida privada – artigo 26º da CRP – e do direito à autodeterminação informacional – artigo 35º da CRP. A sua capacidade de intervenção vai mais longe. Nos termos da alínea b) do n.º 3 do artigo 22º deste Decreto-Lei, a CNPD dispõe de "de poderes de autoridade, designadamente o de ordenar o bloqueio, apagamento ou destruição dos dados, bem como o de proibir, temporária ou definitivamente, o tratamento de dados pessoais, ainda que incluídos em redes abertas de transmissão de dados a partir de servidores situados em território português".

Encontramos aqui um dos momentos fundamentais de resolução de conflitos entre liberdade de comunicação social e direito à reserva da intimidade da vida privada.

Este primeiro momento é tanto mais importante quanto o facto de acontecer no seio de uma entidade cujas atribuições e principais competências a tornam o fórum indicado e especializado para proceder à mais justa e sensata ponderação dos bens e situações em confronto antes de um momento judicial final.

(iv) A Lei n.º 69/98

A Lei n.º 69/98, de 28 de Outubro, procedeu à transposição da Directiva n.º 97/66/CE, complementando, no ordenamento jurídico português a Lei de Protecção de Dados.

No entanto, tal como se referiu para a Directiva alvo de transposição, a sua principal preocupação é com os dados pessoais revelados ao fornecedor de acesso a redes de telecomunicações (onde se inclui a internet), não existindo uma preocupação específica com os dados obtidos e divulgados pelos fornecedores de conteúdos, *maxime*, no âmbito que aqui nos ocupa, os meios de comunicação social.

Nesse sentido, o seu campo de aplicação raramente permitiria operar a problemática aqui em análise. Porém, a questão não se chega a colocar uma vez que esta lei foi revogada pelo Decreto-Lei n.º 41/2004, de 18 de Agosto.

---

[110] De acordo com o seu artigo 17º, os Estados-Membros deveriam proceder à transposição da Directiva até 31 de Outubro de 2003.

(v) A Directiva 2002/58/CE

A Directiva n.º 2002/58/CE, de 12 de Julho de 2002, relativa ao tratamento de dados pessoais e à protecção da privacidade no sector das comunicações electrónicas, designada Directiva relativa à privacidade e às comunicações electrónicas [110], é o resultado de um esforço da União Europeia em dotar o ordenamento jurídico comunitário de um texto que actualize e harmonize as legislações nacionais no que concerne às comunicações electrónicas, com forte preocupação com a internet e o fornecimento de conteúdos.

Assim, nesta Directiva encontramos importantes avanços normativos que reflectem muitas das preocupações jurídicas quanto aos temas estudados.

Desde logo a Directiva circunscreve o seu âmbito às situações em que as comunicações electrónicas permitam identificar o utilizador que recebe as informações, excluindo-se pois todas as situações do utilizador anónimo que consulta os meios de comunicação social *online*, sem que seja possível relacionar o computador usado com o sujeito. Incluem-se aqui, pelo contrário, as situações referidas *supra*, em que por qualquer motivo o fornecedor de conteúdos tem acesso aos dados do fornecedor de ligação ou em que o utilizador fornece os dados que permitem identificá-lo, abstraindo agora os problemas conexos com o consentimento [111].

A Directiva insta ainda os fornecedores de serviços que "disponibilizam serviços de comunicações electrónicas publicamente disponíveis através da internet [...] a informar os seus utilizadores e assinantes das medidas que podem tomar para proteger a segurança das sua comunicações, como seja o recurso a tipo específicos de *software* ou tecnologias de cifra" [112]. Encontramos aqui o legislador comunitário a enquadrar normativamente meca

---

[111] Cf. os Considerandos 15, 16 e 17 e os artigo 2º e 3º da Directiva 2002/58/CE.

[112] Considerando 20 da Directiva 2002/58/CE. Está também aqui em causa o dever dos fornecedores de conteúdos de manterem os seus utilizadores informados sobre a natureza das informações que recolhem, qual o fim para que as utilizarão, quais os perigos que podem advir para o utilizador e quais as opções que estes têm para se proteger. Concluímos, no entanto, que quanto aos meios de comunicação portugueses *online*, raros são os casos em que esta política de condições e privacidade é comunicada aos utilizadores. No tocante a imprensa, rádio e televisão, tem sido visionadas as *webpages* dos jornais Público, Diário de Notícias e Jornal de Notícias, as rádios TSF e RDP e as televisões SIC, TVI e RTP, apenas neste último site encontrámos uma hiperligação remetendo para os Termos e Condições e Política de Privacidade – www.rtp.pt , ao fundo da página. Algo que não deixa de ser preocupante, quando nos referimos a meios de comunicação social, tanto mais que é comum encontrarmos este tipo de conteúdos em empresas – os denominados Terms of Service e Privacy Statment, nos conteúdos norte-americanos, vg., Microsoft em www.microsoft.com no fundo da página –

nismos já enunciados de auto-regulação. Apesar disso, continua afirmando-se que "o requisito de informar os assinantes dos riscos de segurança específicos não isenta os fornecedores de serviços da obrigação de, a expensas suas, adoptarem as necessários medidas imediatas para remediar quaisquer riscos novos e imprevistos e restabelecer o nível normal de segurança do serviço"[113].

A Directiva refere igualmente os *cookies* afirmando-se que "os denominados testemunhos de conexão («cookies»), podem ser um instrumento legítimo e útil, nomeadamente na análise da eficácia da concepção e publicidade do sítio web, e para verificar a identidade dos utilizadores que procedem a transacções em linha. Sempre que esses dispositivos, por exemplo os testemunhos de conexão («cookies»), se destinem a um fim legítimo, como por exemplo a facilitar a prestação de serviços de informação, a sua utilização deverá ser autorizada, na condição de que sejam fornecidas aos utilizadores informações claras e precisas, em conformidade com a Directiva 95/46/CE, acerca da finalidade dos testemunhos de conexão («cookies») ou dos dispositivos análogos por forma a assegurar que os utilizadores tenham conhecimento das informações colocadas no equipamento terminal que utilizam. Os utilizadores deveriam ter a oportunidade de recusarem que um testemunho de conexão («cookie») ou um dispositivo análogo seja armazenado no seu equipamento terminal. Tal é particularmente importante nos casos em que outros utilizadores para além do próprio têm acesso ao equipamento terminal e, consequentemente, a quaisquer dados que contenham informações sensíveis sobre a privacidade armazenadas no referido equipamento. A informação e o direito a recusar poderão ser propostos uma vez em relação aos diversos dispositivos a instalar no equipamento terminal do utente durante a mesma ligação e deverá também contemplar quaisquer outras futuras utilizações do dispositivo durante posteriores ligações. As modalidades para prestar as informações, proporcionar o direito de recusar ou pedir consentimento deverão ser tão conviviais quanto possível. O acesso ao conteúdo de um sítio web específico pode ainda depender da aceitação, com conhecimento de causa, de um testemunho de conexão («cookie») ou dispositivo análogo, caso seja utilizado para um fim legítimo"[114]

No tocante ao escopo do nosso estudo é importante referir que os *websites* apenas se integram no âmbito da Directiva na medida em que a informação consultada possa ser relacionada com o utilizador identificável, de acordo com a al. d) do artigo 2º, *in fine*, da Directiva, ora em apreço. Assim sendo,

---

[113] Considerando 20 da Directiva 2002/58/CE.
[114] Considerando 25 da Directiva 2002/58/CE.

apenas nos casos em que o meio de comunicação social possa identificar um seu utilizador estaremos sob o regime da Directiva. Tal acontecerá nos casos de serviços noticiosos sujeitos a registo e outros em que exista o fornecimento de dados pessoais quer directa quer indirectamente pelo titular.

(vi) Lei n.º 41/2004

A Lei n.º 41/2004, de 12 de Agosto transpôs para a ordem jurídica portuguesa a Directiva comunitária referida no número anterior, sem que aí se tenha inovado em relação ao que já se dispunha na Directiva.

É no entanto de referir, em pormenor, o artigo 5º da Lei, pois levanta algumas questões pertinentes no âmbito do nosso estudo. Aí se diz que "A utilização das redes de comunicações electrónicas para [...] obter acesso à informação armazenada no equipamento terminal de um assinante ou de qualquer utilizador é apenas permitida quando estejam reunidas as seguintes condições: a) serem fornecidas ao assinante ou utilizador em causa informações claras e completas, nomeadamente sobre os objectivos do processamento, em conformidade com o disposto na Lei da Protecção de Dados Pessoais; b) ser dado ao assinante ou ao utilizador o direito de recusar esse processamento". Acrescenta-se ainda que o disposto anteriormente não impede o armazenamento automático ou o acesso estritamente necessário para facilitar uma comunicação através da rede de comunicações ou fornecer um serviço da sociedade da informação explicitamente solicitado por um utilizador.

Esta previsão também se aplica aos *media online* e deverá ser interpretado com cuidado e detalhe na medida do tipo de serviço solicitado pelo utilizador e dos dados, armazenados ou acedidos, necessários para permitir o serviço. Podem os *media* detidos por grupos económicos armazenar ou aceder a informações que consideram como necessárias ao fornecimento do serviço solicitado, fornecendo posteriormente essa informação a outros prestadores de serviços do grupo. Ainda assim estaríamos aí numa situação pouco diferente da de qualquer outro prestador de serviço, sem que fosse decisiva a natureza de meio de comunicação social.

Para assegurar o cumprimento dos mecanismos normativos de protecção de dados pessoais, o titular pode lançar mão de vários institutos.

No tocante a meios graciosos reconhece-se o direito de queixa à CNPD, nos termos do n.º 33 da Lei n.º 67/98.

No tocante a meios jurisdicionais pode o titular lançar mão de quaisquer medidas cautelares ou subsequentes meios principais, sobretudo, como se afirma no artigo 34º da Lei n.º 67/98, para efectivar responsabilidade civil e a reparação pelo prejuízo sofrido.

No entanto, como referimos, no tocante à possibilidade de investigação da vida privada dos utilizadores de meios de comunicação social *online*, não existirão muitos casos em que os próprios órgãos de comunicação social divulguem dados relativos aos hábitos de acesso e navegação dos seus utilizadores. Os maiores problemas colocam-se no que concerne à divulgação de dados pessoais, obtidos por outros meios, que não o acesso dos utilizadores ao ciberespaço, servindo o mundo *online* apenas de veículo de difusão dessas informações.

b. Contra a divulgação

No tocante à divulgação de dados pessoais através de meio de comunicação social no ciberespaço não existe, como se referiu *supra*, nenhuma especialidade. Apenas as consequências podem ser mais gravosas devido à rápida disseminação da informação. Os mecanismos jurídicos clássicos devem aqui ser adaptados à realidade virtual, utilizando os novos meios disponíveis quando possível. Com efeito as directivas e a legislação nacional preocupam-se com a divulgação de dados pessoais relativos ao acesso à internet [115] e não com a divulgação de quaisquer outros dados pessoais através de meios de comunicação social na internet onde, portanto, devemos aplicar os mecanismos clássicos.

(i) A Directiva 2000/31/CE

A Directiva n.º 2000/31/CE, do Parlamento Europeu e do Conselho, de 8 de Junho, denominada Directiva sobre o Comércio Electrónico, estabelece um conjunto de regras que muito interessam ao objecto do nosso estudo. Apesar da Directiva se encontrar hoje transposta para o ordenamento jurídico português [116], importa referir alguns dos seus aspectos mais importantes.

---

[115] Cf. o artigo 6º da Directiva 2002/58/CE, os artigos 5º e 6º da Lei n.º 69/98 e ainda os Acórdãos do Tribunal da Relação de Lisboa, de 2 de Maio de 2002, Pº n.º 0000239, do Tribunal da Relação do Porto, de 25 de Setembro de 2002, Pº n.º 0141415 e ainda o importante Acórdão do Tribunal Constitucional, n.º 241/2002, Pº n.º 444/2001, onde se discrimina claramente uma tipologia de dados transmitidos na internet. Embora aborde questão que escapa ao escopo do nosso estudo uma vez que não envolve a investigação ou divulgação de dados pessoais por meio de um órgão de comunicação social online, a distinção entre dados de base, dados de tráfego e dados de conteúdo e as consequências de protecção jurídica deles resultante é particularmente relevante no que toca a futuras aplicações aos meios de comunicação social que, porventura, utilizem ou revelem dados considerado pessoais.

[116] Cf. infra, número (vii)

Desde logo, no seu artigo 5º se prevêem um conjunto de informações que os prestadores de serviços da Sociedade de Informação devem prestar aos seus utilizadores.

Particularmente importante, no que diz respeito aos Meios de Comunicação Social de Massas, é o previsto no artigo 13º da Directiva. Aí se preceituam, em bom rigor, parte dos deveres dos media, quando prestando os seus serviços através de um suporte electrónico.

Saliente-se ainda o artigo 16º, no que diz respeito aos Códigos de Conduta.

(ii) Decreto-Lei n.º 7/2004

O Decreto-Lei n.º 7/2004, de 7 de Janeiro realizou a transposição da Directiva n.º 2000/31/CE, do Parlamento Europeu e do Conselho, de 8 de Junho de 2000. De igual modo, como se pode ler no seu artigo 1º, transpôs o artigo 13º da Directiva n.º 2002/58/CE, de 12 de Julho.

No que diz respeito a este diploma são de salientar algumas normas, como o artigo 12º, que refere a ausência de um dever geral de vigilância dos prestadores intermediários de serviços, embora, nos termos do artigo 13ª, estejam adstritos a um conjunto de deveres.

Particular importância, para o nosso tema, tem o artigo 18º, respeitante à solução provisória de litígios, onde se prevê um *notice and takedown* provisório, isto é, uma forma cautelar de impossibilitar acesso a informação *online*. A decisão provisória cabe à "entidade de supervisão", que, tal como preceituado no artigo 35º do diploma, é o ICP – ANACOM. Interrogamo-nos se não seria esta uma competência que deveria estar cometida à Comissão Nacional de Protecção de Dados, muito à semelhança do que se fez na Lei n.º 41/2004, no número 1 do artigo 15º.

No que toca à moldura contra-ordenacional e sanções acessórias previstas por este diploma vejam-se os artigos 37º e 38º, a que se soma o artigo 39º no que diz respeito às providências provisórias. Com efeito, por força do artigo 39º da Lei, é permitido à ANACOM, em caso de necessidade, suspender a actividade e encerrar o estabelecimento que seja suporte dos serviços da sociedade de informação, enquanto decorre o procedimento e até à decisão definitiva. Estas providências provisórias podem ser determinadas também a requerimento dos interessados. Elas configuram um poderoso instrumento de combate a violações *online* da intimidade da vida privada, na medida em que se permite que o lesado requeira a uma entidade administrativa a restrição do acesso (quando possível) à informação violadora.

Neste sentido o indivíduo pode, à semelhança do que se disse a propósito da investigação de dados pessoais relativos à vida privada do sujeito lançar mãos de todos os meios graciosos bem como jurisdicionais, quer no âmbito civil, quer no âmbito penal. Pode igualmente escolher lançar mão de meios cautelares ou principais, consoante a sua vontade e a natureza do dano. Nestes casos existem hoje, para além dos meios clássicos, os mecanismos referidos no Decreto-Lei n.º 7/2004, que podem permitir uma forma célere de impedir a violação ou a continuação da violação da intimidade da vida privada, através de um controlo administrativo prévio.

– Em especial: *notice and take down* obrigatório

Existem hoje em Portugal três entidades com competência para impedir o acesso a dados divulgados na Internet, por meios de comunicação social, susceptíveis de violar o direito à reserva de intimidade da vida privada. Esta multiplicação e sobreposição de meios, ao invés de reforçar a protecção da intimidade dos sujeitos e da liberdade de comunicação social, é de molde a trazer complexidade e confusão a uma área onde ela é particularmente gravosa.

Assim, entre o primeiro momento, auto-regulatório, em que o sujeito, conhecedor da iminente ou efectiva divulgação de informações num determinado meio de comunicação social *online* solicita ao próprio meio de comunicação ou seu fornecedor de acesso que impeça ou retire a informação divulgada; e um segundo momento em que o sujeito se dirige a tribunal para, através de uma medida cautelar ou principal, consoante a situação, impedir ou limitar a divulgação de determinadas informações, admite-se um mecanismo intermédio em que o sujeito, em casos de excepcional urgência e sensibilidade dos dados a divulgar ou divulgados, se possa dirigir à ANACOM solicitando um *notice and take down* obrigatório e provisório, com possibilidade de impugnação judicial, nos termos do artigo 39º, números 1 e 2, do Decreto-Lei n.º 7/2004; o sujeito pode igualmente solicitar à CNPD, nos termos da já referida alínea b) do n.º 1, do artigo 20º do Decreto-Lei n.º 67/98, que bloqueie ou mande destruir dados pessoais recolhidos ou divulgados; por fim, de acordo com a alínea e) do n.º 3, do artigo 24º da Lei n.º 53/2005, o sujeito pode, também, solicitar à ERC, que restrinja "a circulação de serviços da sociedade de informação que contenham conteúdos submetidos a tratamento editorial e que", repare--se, "lesem ou ameacem gravemente qualquer dos valores previstos no n.º 1 do artigo 7.º do Decreto-Lei n.º 7/2004, de 7 de Janeiro", acrescentando-se, ainda, "sem prejuízo da competência do ICP-ANACOM em matéria de natureza privada, comercial ou publicitária". É previsto um procedimento especial de queixa, nos termos dos artigos 55º e seguintes. Uma coisa parece resultar clara: com a criação da ERC é a esta que cabe o *notice and takedown* obrigatório quando estejam em causa meios de comunicação social. Daí a referência, na alínea ae) do n.º 3, do artigo 24.º da lei da ERC, a "conteúdos submetidos a tratamento editorial". Quanto a todos os outros a competência mantém-se no ICP-ANACOM, não quanto aos meios de comunicação social [117]. Resta, no entanto, a articulação com a competência da CNPD.

A articulação entre a ERC e a CNPD parece-nos apenas poder fazer sentido se se entender que a restrição à "circulação de serviços da sociedade da informação" referida na alínea ae), do n.º 3, do artigo 24.º dos Estatutos da ERC, é uma forma de protecção contra a divulgação de dados, o que caberia à ERC, enquanto que a competência para "ordenar o bloqueio, apagamento ou destruição de dados", prevista na alínea b), do n.º 3, do artigo 22º da lei da CNPD, é uma forma de protecção contra a investigação e recolha de dados, o que apenas caberia à CNPD. Ainda assim, tal também não faria qualquer sentido, uma vez que as competências da CNPD se estendem igualmente à divulgação. Não há na lei qualquer distinção. Parece, pois, que, em Portugal, actualmente, é possível aos sujeitos disporem de um *notice and takedown* obrigatório provenientes de duas entidades distintas.

Esta é uma problemática que convoca e potencia a análise de problemas de potencial censura. Mas, como refere Jónatas Machado, "mesmo os regimes assumidamente liberais têm tido dificuldade em escapar a todas as formas de controlo prévio da comunicação escrita e audiovisual, com base na protecção de valores tão diversos como, por exemplo, os direitos de personalidade, a infância e a juventude ou o segredo de Estado"[118]. Ele parece legitimar uma metódica de concordância prática que, em abstracto, possa mesmo conduzir à admissibilidade, em situações extremas, de restrições prévias à liberdade de expressão, colocadas, na sua previsão, sob *reserva de lei* e, na sua aplicação, sob reserva do poder judicial. Isto, se ficar demonstrado que esse é o meio adequado, necessário e proporcional em sentido estrito para a salvaguarda de finalidades constitucionalmente legí-

---

[117] No entanto, uma vez que o Decreto-Lei n.º 7/2004, se refere, para além da suspensão da actividade ao encerramento do estabelecimento suporte dos serviços da sociedade da informação, e a recente Lei n.º 53/2005 só refere a restrição de circulação de serviços da sociedade da informação, é de admitir que o sujeito combine ambas as leis para conseguir, não só impedir a divulgação de dados prejudiciais à intimidade da sua vida privada, como o encerramento do estabelecimento que os divulgou, se não se entender que a ERC detém esse poder.

[118] Jónatas Machado, pág 496.

timas, questão que poderia obter resposta afirmativa perante situações de "dano irreparável. Excluída permanece, apesar de tudo, a censura político-administrativa prévia"[119].

É hoje admissível, como demonstrámos *supra,* que a CNPD proíba o tratamento de dados em redes abertas a partir de servidores em território português. Tal como é igualmente admissível que a ERC suspenda a actividade dos prestadores de serviços da sociedade da informação. A legislação portuguesa permite que a CNPD e a ERC possam proceder a uma verdadeira censura material de informações difundidas por meios de comunicação social *online* que contenham dados que estas entidades considerem sensíveis e como tal insusceptíveis de serem divulgados por violarem, ou poderem violar, o direito à reserva de intimidade da vida privada.

Tanto a CNPD como a ERC são autoridades administrativas independentes que escapam à simples classificação de entes administrativos, uma vez que não estão na dependência directa da Administração Pública e do Governo[120] e, como referem Vital Moreira e Maria Fernanda Maçãs, contém uma tríplice dimensão de poderes, onde se incluem poderes parajudiciais[121]. Ainda neste domínio não se diga que não há controlo judicial pois o legislador acautelou esta situação no n.º 3 do artigo 23º da Lei 67/98, preceituando que "no exercício das suas funções, a CNPD profere decisões com força obrigatória, passíveis de reclamação e de recurso para o Tribunal Central Administrativo", bem como o número 2 do artigo 39º do Decreto--Lei n.º 7/2004. O mesmo se diga a propósito da ERC, onde no n.º 3 do artigo 75º dos seus Estatutos se pode ler que "das decisões proferidas no âmbito da resolução de litígios cabe recurso para os tribunais judiciais ou aribtrais, nos termos previstos na lei". Além disso no seu n.º 1 pode ler-se que "a actividade dos órgãos e agentes da ERC fica sujeita à jurisdição administrativa, nos termos e limites expressamente previstos pelo Estatuto dos Tribunais Administrativos e Fiscais". Não devemos esquecer, além do mais, que no caso da CNPD se encontram na sua composição dois magistrados com mais de 10 anos de carreira, sendo um, magistrado judicial, designado pelo Conselho Superior da Magistratura, e outro, magistrado do Ministério Público, designado pelo Conselho Superior do Ministério Público, nos termos da alínea a), do n.º 1, do artigo 25º da Lei n.º 67/98. Esta entidade está particularmente habilitada para proceder aos juízos de prognose necessários para determinar a necessidade ou não de proibir a

---

[119] Jónatas Machado, op. cit, págs. 496 a 500.

[120] Ambas funcionando junto da Assembleia da República, independentes do Governo.

[121] Vital Moreira e Maria Fernanda Maçãs, *Autoridades Reguladoras Independentes – Estudo e Projecto de Lei-Quadro,* Coimbra, 2003, pág. 14.

divulgação de certos dados pessoais[122]. A ERC vê os elementos do seu Conselho Regulador escolhidos pela Assembleia da República, nos termos do n.º 2 do artigo 15º dos seus Estatutos, sendo um deles cooptado pelos restantes.

Não nos parece que esteja aqui em causa qualquer inconstitucionalidade. Como referimos supra, a gravidade, extensão e dificuldade de determinação da origem do dano adquire tal dimensão na internet que a existência de uma medida célere é exigida pela Constituição se se pretender atribuir algum conteúdo útil ao direito à reserva da intimidade da vida privada. Isto não significa, obviamente, que defendamos que a medida será sempre deferida, significa apenas que a medida deve existir de modo a permitir a tutela da intimidade da vida privada em situações em que a lesão dependa de um critério temporal urgente, o mesmo não acontecendo com o adiamento do exercício da liberdade de comunicação social. Com efeito são fáceis de compaginar os casos em que o adiamento por algumas dias, de modo a permitir à entidade competente deliberar o *notice and take down* obrigatório, não prejudica em nada a oportunidade da notícia mas poderia ser determinante para evitar uma lesão irreversível à intimidade da vida privada. Em suma, é o próprio texto Constitucional a exigi-lo e a permiti-lo, desde que associado a meios de controlo judiciais.

No que concerne aos restantes mecanismos de resolução de conflitos, estes passam pela ponderação, quer com recurso a leis que fornecem critérios para tal operação, quer pela intervenção casuística do juiz de todos os interesses em causa. No tocante à protecção jurídico-civil encontramos como fundamento o artigo 80º do Código Civil, existindo no tocante à protecção jurídico-penal, o crime de devassa da vida privada, consagrado no artigo 192º do Código Penal. Ambos os preceitos fornecem critérios de optimização e ponderação de bens constitucionais que devem ser confrontados para se obter uma solução para a colisão de direitos[123], sempre com recurso último ao princípio da proporcionalidade e seus subprincípios.

c. Contra a intrusão

As soluções de hetero-regulação destinadas a impedir que os utilizadores entrem em contacto com conteúdos que possam reputar de ofensivos são essencialmente as mesmas que podemos pensar para a divulgação de

---

[122] Questionando-se sobre este ponto, justamente em sede de análise institucional comparada, Jónatas Machado, op. cit., pág. 500, nota 716.

[123] Cf. Jónatas Machado, op. cit., pág. 800 e segs.

informações contendo dados pessoais, abordadas de uma perspectiva mais ampla de modo a que se estabeleçam padrões de controlo de conteúdos. Recordamos mais uma vez que as hipóteses de intrusão no que concerne o escopo do nosso estudo se reportam a hipótese em que através de hiperligações contidas nos meios de comunicação social *online* os utilizadores entram em contacto com conteúdo que agridem a sua intimidade ou a da sua família – no que concerne a menores –. Estas situações são geralmente controladas pelos vários ordenamentos jurídicos através de soluções que não incidem especificamente sobre os meios de comunicação social mas antes sobre tipos de conteúdos valorados prejudiciais independentemente do fornecedor, no nosso estudo, os meios de comunicação social. Assim, *infra*, apresentamos soluções que embora não orientadas propositadamente para o controlo da intrusão na vida privada por meios de comunicação social, a eles se lhes pode aplicar na medida em que estes contenham hiperligações para conteúdos violadores.

(i) Firewalls *públicos*

Os *firewalls*, são uma tecnologia que permite filtrar toda a informação que passa por determinado computador apenas permitindo a passagem da informação desejada. A utilização de *firewalls* públicos acompanhada de uma obrigatoriedade de centralização de informação num determinado país permite o controlo quase completo de conteúdos. Esta é a solução adoptada na China e em Singapura, em que *firewalls* públicos fecham o espaço virtual de cada país permitindo às entidades públicas barrar os conteúdos que entendam prejudiciais. Evidentemente esta solução escapa por completo ao âmbito do nosso trabalho, pois, é, em si mesma, uma violação à liberdade de comunicação social, antes mesmo de qualquer potencial conflito com o direito à reserva da intimidade da vida privada.

(ii) Legislação sectorial – Estados Unidos da América

Nos Estados Unidos, onde a auto-regulação é a principal forma de impedir e solucionar potenciais conflitos de direitos, optou-se ainda assim, no que toca a intrusão na vida privada e familiar, por ensaiar legislação para áreas consideradas mais sensíveis.

Assim, com o CDA (Communications Decency Act), de 1996 pretendeu impedir-se o uso da internet para difundir conteúdos considerados indecentes ou obscenos. No entanto o uso destes termos revelou-se fatal para esta lei sendo a mesma onsiderada parcialmente inconstitucional pelo Supremo Tribunal Norte Americano.

O CDA excluía a responsabilidade de todos os fornecedores de acesso (ISP's) que removessem ou bloqueassem conteúdos que entendessem "obscenos, lascivos, sujos, excessivamente violentos, perturbadores...".

A aprovação de uma nova lei foi o passo seguinte, adoptando-se a COPA (Child Online Protection Act), onde a palavra indecência foi substituída pela expressão "prejudicial a menores" de modo a não ser facilmente atacável pela jurisprudência.

Qualquer meio de comunicação norte americano ou a operar nos Estados Unidos que contenha hiperligações propositadas para *webpages* com conteúdos passíveis de serem considerados "prejudiciais a menores" pode assim ser accionada ao abrigo da COPA.

(iii) Legislação global – União Europeia

Na União Europeia a opção passa por legislar de forma compreensiva as situações em que o utilizador se pode considerar ofendido nas suas esferas privadas por conteúdos presentes em webpages de meios de comunicação social. A resposta passa, nas legislações nacionais por estender ao ciberespaço os mecanismos clássicos. Aqui se encontram, no entanto, algumas dificuldades. A título de exemplo pense-se na hipótese de especificação de horários televisivos para programas considerados sensíveis para crianças, que na internet, devido à sua irrelevância horária, não se podem aplicar.

O caminho, como se pode entrever pela Directiva 2000/31/EC, de 8 de Junho, Directiva Comércio Electrónico, pode ser o de consagrar soluções de *notice and take down* nos casos em que os utilizadores encontrem conteúdos valorados como indesejáveis. Esta valoração tem de ser cuidadosamente feita como tem de ser a definição das situações em que o *notice and take down* é ou não obrigatório e quais as responsabilidades do fornecedor de acesso e de conteúdos [124]. Quanto ao primeiro parece ser unânime que não se lhe pode exigir um controlo de todos os conteúdos que permite através da sua rede. Já quanto ao fornecedor de conteúdos é legítimo perguntar se, em algumas situações, não se lhe deverá exigir um controlo prévio dos conteúdos disponibilizados.

O que parece cada vez mais assente é a previsão de situações de obrigatoriedade de remoção ou bloqueio de conteúdos proibidos por parte dos fornecedores – incluindo meios de comunicação social – assim que notificados da sua existência.

Neste sentido a Directiva Comércio Electrónico previa já no seu artigo 21º a necessidade de elaborar um relatório onde constasse uma análise sobre

---

[124] Problematizando esta questão, cf. Bradford Smith, op. cit., págs. 394 e segs.

estas preocupações "O referido relatório, ao examinar a necessidade de adaptação da presente directiva, analisará, em particular, a necessidade de propostas relativas à responsabilidade dos prestadores de hiperligações e de instrumentos de localização, aos procedimentos de notice a*nd take down* e à atribuição de responsabilidade após a retirada do conteúdo" n.º 2 do artigo 21º da Directiva.

Como se pode depreender pelas soluções que deixámos enunciadas os esforços envidados são no sentido de descobrir o ponto nevrálgico onde se pode controlar a informação responsabilizando aqueles que podem determinar ou não o seu acesso. Daí que o principal foco de discussão na doutrina seja hoje a possibilidade de, sensatamente, e com salvaguarda das garantias constitucionais, responsabilizar os fornecedores de acesso e/ou de conteúdos [125].

As duas opções parecem ser, *primo*, exclusão de responsabilidade dos fornecedores de de acesso e/ou conteúdos desde que não tenham publicado ou apoiado directamente a publicação dos dados visados mas tenham apenas permitido a sua divulgação; ou *secundum*, excluir a responsabilidade dos fornecedores de acesso que imediatamente retirem os conteúdos objectáveis mediante notificação.

São vários os problemas que estas soluções colocam. Como demonstrámos um *notice and takedown* é configurável apenas porque se admite que o fornecedor de conteúdos e, sobretudo, o fornecedor de acessos não podem controlar toda a informação que disponibilizam. No tocante a meios de comunicação, pela particular missão que desempenham e exposição informativa que procuram e provocam entendemos inequivocamente que deveriam ser responsáveis por toda a informação que disponibilizam, incluindo hiperligações fornecidas.

Os meios de comunicação social são fornecedores de conteúdos com um papel especial no que toca à divulgação de dados na internet. Fazem-no como sua função principal e com isso maximizam o impacto de qualquer exposição da intimidade da vida privada que provoquem.

Já quanto aos fornecedores de acesso parece-nos equilibrada a solução de exigir um *notice and take down* como forma de activar uma possível responsabilidade. Assim, apenas em caso de não cumprimento, após um notificação para remoção ou bloqueio de determinados conteúdos e verificados os pressupostos de violação de bens protegidos, poderiam os fornecedores de acesso ser considerados responsáveis juridicamente. A impossibilidade real de controlo de conteúdos permitidos pelo simples fornecimento de acesso assim o exige neste estádio de desenvolvimento tecnológico da internet.

---

[125] Cf. Jónatas Machado, op. cit., págs. 1118 a 1123.

C. Uma tentativa de superação – O Acordo *Porto Seguro*

A existência de distintas abordagens de protecção da privacidade entre os Estados Unidos da América e os países da União Europeia levou a que se tentasse encontrar uma forma de compatibilizar a aproximação combinada de legislação sectorial e auto-regulação norte-americanas e a legislação global europeia. Assim nasceu o acordo Porto Seguro (*Safe Harbor*, no original) [126]. Através dele a União Europeia considera que "dados os diferentes níveis de protecção nos países terceiros, o nível de adequação da protecção de dados deve ser apreciado e quaisquer decisões com base no n.º 6 do artigo 25 º [da Directiva 95/46/CE] devem ser aplicadas de forma que não se verifique uma discriminação arbitrária ou injustificada contra ou entre países terceiros, onde prevaleçam condições semelhantes, nem um obstáculo dissimulado ao comércio, tendo em conta os actuais compromissos internacionalmente assumidos pela Comunidade" [127], afirmando-se ainda que "o nível adequado de protecção da transferência de dados a partir da Comunidade Europeia para os Estados Unidos da América (EUA), nos termos da presente decisão, pode conseguir-se se as organizações derem cumprimento aos princípios da «privacidade em porto seguro» relativos à protecção de dados pessoais transferidos de um Estado-Membro para os EUA (a seguir denominados «os princípios») e às directrizes das questões mais frequentes (a seguir designadas «FAQ») que servem de guia no que respeita à aplicação dos princípios estabelecidos pelo Governo dos Estados Unidos em 21 de Julho de 2000. Por outro lado, as organizações devem dar a conhecer publicamente as suas políticas em matéria de protecção da vida privada e ficar abrangidas pelo âmbito da competência da Federal Trade Comission (FTC) que, nos termos do artigo 5º da lei relativa ao comércio federal (Section 5 of the Federal Trade Commission Act), garante a proibição dos actos ou as práticas desleais ou enganosas relativas ao comércio, ou de outros organismos públicos que efectivamente assegurem o respeito dos princípios aplicados em conformidade com as FAQ" [128].

Assim se ensejou uma síntese entre a abordagem de auto-regulação e de legislação compreensiva. No que respeita ao nosso o Acordo Porto Seguro é relevante em dois aspectos. De uma forma muito directa no que concerne a meios de comunicação social detidos ou controlados por entidades norte-americanas ou que mantenham relações comerciais de transferência de

---

[126] Cf. a Decisão da Comissão Europeia n.º 2000/520/EC, de 26 de Julho. Cf., ainda: http://www.export.gov/safeharbor

[127] Considerando 4º da Decisão n.º 2000/520/CE.

[128] Considerando 5º da Decisão n.º 2000/520/CE.

dados pessoais, uma vez que será este o enquadramento normativo aplicável. Por outro lado, as sinergias e experiências resultantes do Acordo Porto Seguro, sem provocarem uma alteração estratégica na política da União Europeia no que importa à protecção da privacidade e dados pessoais *online*, podem fomentar uma maior intensificação de procedimentos de auto-regulação na Europa e um melhor diálogo entre União Europeia e operadores e fornecedores de conteúdos.

O Acordo Porto Seguro é apenas um exemplo, o mais amplo e institucionalizado, do que pode ganhar-se com soluções combinadas de auto--regulação e legislação.

5. Conclusão

Liberdade de comunicação social e direito à reserva da intimidade da vida privada encontram áreas de potencial conflito no domínio da investigação, divulgação e intrusão de informação respeitante à vida privada dos indivíduos.

A forma como tal pode ser levado a cabo pelos meios de comunicação social online é ampliada em relação aos meios de que já dispõe no mundo offline, nomeadamente através do acesso directo que se estabelece cada vez que um utilizador acede a um *site* de um meio de comunicação social.

Para combater preventiva e correctivamente os potenciais conflitos alinham-se soluções de auto-regulação, em que sujeitos e meios de comunicação dispõe de mecanismos de controlo da informação que disponibilizam e acedem de forma a evitar a emergência de conflitos. Podendo mesmo em alguns casos os utilizadores solicitarem a remoção de determinados conteúdos.

Por outro lado, os próprios meios de comunicação podem e nesse sentido deverão caminhar, estabelecer códigos de conduta através dos quais se vinculem e assegurem aos seus utilizadores um nível mínimo de confiança na relação cibernética.

As soluções legislativas de heteroregulação podem ser simultaneamente preventivas e correctivas.

Por um lado o espectro preventivo compreende desde as soluções drásticas e juridicamente reprováveis de bloquear conjuntos de dados através de *firewalls* até à determinação de dados considerados sensíveis e reservados cuja investigação e divulgação pode levar à sua remoção através de *notices and take down* obrigatórios quer desencadeados por uma autoridade independente, como propusemos, quer por meios judiciais.

No seguimento destas medidas mas já no que respeita a mecanismos repressivos procura adaptar-se as soluções clássicas de responsabilidade civil e criminal ao ciberespaço, diagnosticando os pontos fulcrais da rede onde se pode controlar a informação. Tal tem dado origem à abertura para soluções de responsabilização de fornecedores de acesso e conteúdos.

Importantes parecem-nos as soluções de simbiose entre auto e hetero-regulação, sobretudo através do fomento e reconhecimento de uma autoridade que possa estar equidistante do mercado e dos órgãos de soberania.

Pensamos que em Portugal a Comissão Nacional de Protecção de Dados e a Entidade Reguladora para a Comunicação Social [129], tem, coevamente, as atribuições e competências para prosseguir credivelmente essa missão de ponderar e compatibilizar soluções de auto-regulação, em que os conflitos sejam prevenidos ou minimizados e soluções de hetero-regulação, em que se avance para as soluções de responsabilidade em tribunal.

---

[129] Para além das competências residuais que restam ao ICP-ANACOM.

CONCLUSÕES

– O Direito deve actuar na regulação do ciberespaço e dos potenciais conflitos de direitos que aí ecludam. Devido ao carácter deslocalizado da informação, mercê da volatilidade espacial da internet apenas uma abordagem omnicompreensiva dos fenónemos jurídicos poderá almejar conseguir resultados profícuos. O Direito Internacional é, pois, fundamental, bem como todas as medidas que articulem ordenamentos jurídicos distintos.

– No ciberespaço existe grande dificuldade de distinção entre liberdade de expressão e liberdade de comunicação social. Devido às possibilidades técnicas da internet qualquer indivíduo com um mínimo de conhecimentos e com acesso a um computador ligado em rede aberta pode difundir para todo o mundo um conjunto de informações. Se essas informações, para mais, sofrerem um tratamento que as condense e as dote de um mínimo de inteligibilidade, que mereça o interesse de um público vasto, estaremos perante a manifestação de uma liberdade de expressão que, materialmente, se identifica com a liberdade de comunicação social, faltando-lhe apenas a sua dimensão estrita formal, de qualificação profissional jornalística.

– É muito importante procurar novos critérios de definição do conceito de liberdade de comunicação social, de molde a ser possível integrar os novos fenómenos de comunicação de massas, no ciberespaço, no âmbito normativo dos preceitos que consagram e protegem a liberdade de comunicação social. Neste sentido, é importante considerar uma revisão da Lei da Imprensa e do Estatuto dos Jornalistas.

– Diagnosticamos novas situações de potencial conflito entre o direito à reserva da intimidade da vida privada e a liberdade de comunicação social quando em presença no ciberespaço. Estas novas situações de conflito dizem respeito não só à distinção clássica entre investigação e divulgação da vida privada mas a uma dimensão de intrusão através da exposição inadvertida a conteúdos passíveis de serem considerados ofensivos pelos utilizadores. A fluidez espácio-temporal da internet dificulta a aplicação de mecanismos que possam prevenir essa exposição.

– Existe um particular perigo no caso de investigação de dados relativos à vida privada. Os meios de comunicação social no ciberespaço beneficiam de uma das características da internet: a interactividade. Isto permite aos meios de comunicação a possibilidade de acederem a dados pessoais dos utilizadores que com eles entram em contacto.

– Há manutenção dos problemas clássicos quanto à divulgação da vida privada e intrusão na mesma. Sendo de notar, no entanto, que a gravidade dos danos pode ser em muito maximizada pela internet devido à rapidez da transmissão de dados e à multiplicação exponencial de destinatários.

– Devemos procurar melhor delimitar o objecto e conteúdo do direito à privacidade no tocante a dados pessoais disponíveis em redes abertas como a internet. No que concerne ao conteúdo, deve considerar-se toda a informação respeitante à vida do indivíduo disponível na internet e que a ele possa ser associada. Daí devemos partir para uma definição de esferas protecção e do seu conteúdo essencial.

– O princípio da proporcionalidade enquanto mecanismo operativo de ponderação e optimização de bens constitucionais deve ser transposto para o ciberespaço, integrando as suas novas variáveis.

– Há uma multiplicidade de situações em que os meios de comunicação social podem aceder a dados pessoais através de novas tecnologias existentes no ciberespaço que permitem conhecer os hábitos dos seus utilizadores.

– A liberdade de comunicação social deve ser especialmente acompanhada quando exercida no ciberespaço pois não só existem mais meios para através dela se violar a reserva da intimidade da vida privada, como as consequências dessa violação são tendencialmente mais gravosas.

– Os meios para comprimir um dos direitos em presença após operada a ponderação de bens jurídicos variam entre a auto-regulação indivíduo/ /fornecedor de acesso ou conteúdos e/ou legislação.

– Os dados considerados de segredo – cf. n.º 1, do artigo 7º da Lei n.º 67/98 – devem servir de núcleo para uma definição de esferas de protecção de dados pessoais informáticos disponíveis no ciberespaço cuja investigação e/ou divulgação permita, além da responsabilização do agente, fundamentar um *notice and take down* perante o fornecedor de conteúdos ou de acesso. A não aceitação desta medida despoletaria os meios graciosos e os meios judiciais.

– Importância da Comissão Nacional de Protecção de Dados no que concerne à mediação e ponderação de bens relativos ao direito à reserva da intimidade da vida privada e liberdade de comunicação social.

– Configuração de uma figura de *notice and take down* obrigatório, determinada pela CNPD e pela ERC, articulada de acordo com o tipo de violação potencial, com relação à recolha, tratamento ou divulgação de dados pessoais, bem como aos que respeitam à intrusão na intimidade da vida privada.

– Importância do *Acordo Porto Seguro* no sentido de associar ao enquadramento legislativo comunitário soluções de auto-regulação que fomentem a cooperação e responsabilização dos fornecedores de conteúdos, *maxime*, dos meios de comunicação social.

BIBLIOGRAFIA

A.A.V.V., *As Telecomunicações e o Direito na Sociedade de Informação*, Faculdade de Direito da Universidade de Coimbra, 1999.

A.A.V.V., *Comunicação e Defesa do Consumidor*, Faculdade de Direito da Universidade de Coimbra, 1996.

A.A.V.V., *La tutela della sfera privata e la legge sulla «privacy»*, Rivista Critica Del Diritto Privato, XV, n.º 4, 1997.

Alexandrino, José de Melo, *Estatuto Constitucional da Televisão*, Coimbra, 1998.

Alexy, Robert, *Theorie der Grundrechte*, Frankfurt am Main, 1986.

Andrade, José Carlos Vieira de, *A Justiça Administrativa*, Coimbra, 1998.

Andrade, José Carlos Vieira de, *Os Direitos Fundamentais na Constituição Portuguesa de 1976*, 2ª Edição, Coimbra, 2001.

Araújo, Francisco Régis Frota, *Direito e Comunicação*, Santiago de Compostela, 1997.

Ascensão, José de Oliveira, *Estudos sobre o Direito da Internet e da Sociedade de Informação*, Coimbra, 2001.

Barata, José Fernando Nunes, *Censura in* Dicionário Jurídico da Administração Pública, III.

Bertrand, André, *Internet et la loi*, Paris, 1997.

Bostwick, Gary L., *A Taxanomy of Privacy: Repose, Santuary and Intimate Decision*, California Law Review, 64, 1976.

Canotilho, Gomes e Moreira, Vital, *Constituição da República Portuguesa anotada*, 3º edição, 1993, Coimbra.

Canotilho, J. J. Gomes, *Direito Constitucional e Teoria da Constituição*, 3ª Edição, Coimbra, 1998.

Correia, Luís Brito, *Direito da Comunicação Social*, 5ª Edição, Lisboa, 1998.

Davies, Clive, *Law and the Internet*, Computer Law & Practice, 11, 1995.

Delgado, Lucrécio Rebollo, *El Derecho Fundamental a La Intimidad*, Madrid, 2000.

Froomkin, A. Michael, *The Death of Privacy*, Stanford Law Review, 52, 2000.

Gardó, António Fayas, Derecho a la intimidad y medios de comunicación.

Gomes, Manuel Januário, *O problema da salvaguarda da privacidade antes e depois do computador*, Separata do Boletim do Ministério da Justiça n.º 319.

Gonçalves, Maria Eduarda, *Direito da Sociedade da Informação*, obra colectiva, I, Coimbra, 1999.

Gringas, Clive, *The Laws of the Internet*, London, 1997.

Grzeszick, Bernd, *Neue Medienfreiheit zwischen staatlicher und gesellschaftlicher Ordnung. Das Beispiel des Internets*, Archiv des öffenlichen Rechts, 123, 1998.

Hesse, Konrad, *Grundzüge des Verfassungsrechts der Bundesrepublick Deutschland*, 18ª Edição, Heidelberg, 1991.

Hunter, Sheri, *Defamation and Privacy Laws Face the Internet*, Communications Lawyer, Fall, 1999.

Kang, Jerry, *Information Privacy in Cyberspace Transactions*, Stanford Law Review, 50, 1998.

Ladeur, Karl-Heinz, *Monitoring and Blocking Illegal Content on the Internet – A German and Comparative Law Perspective*, German Yearbook of International Law, 41, 1998.

Littman, Jessica, *Cyberspace and Privacy: A New Legal Paradigm?*, Stanford Law Review, 52, 2000.

Marques, Garcia e Martins, Lourenço, *Direito da Informática*, Coimbra, 2000.

McGuire, John F., *When Speech is Heard Around the World: Internet Content Regulation in the United States and Germany*, New York University Law Review, 74, 1999.

Medeiros, Rui de, *A Decisão de Inconstitucionalidade – Os Autores, O Conteúdo e os Efeitos da Decisão de Inconstitucionalidade da Lei*, Lisboa, 1999.

Miranda, Jorge, *Manual de Direito Constitucional*, Tomo IV, 3ª Edição, Coimbra, 2000.

Morais, Carlos Blanco de, *As Leis Reforçadas – As Leis Reforçadas pelo Procedimento no Âmbito dos Critérios Estruturantes das Relações Entre Actos Legislativos, Coimbra*, 1998.

Morais, Carlos Blanco de, *Justiça Constitucional, Tomo I, Garantia da Constituição e Controlo da Constitucionalidade*, Coimbra, 2002.

Morais, Carlos Blanco, *Liberdade de religião e direito de informação – O Direito de antena das confissões religiosas e o serviço público de televisão*, Perspectivas Constitucionais, obra colectiva, II.

Moreira, Vital e Maçãs, Fernanda, *Autoridades Reguladoras Independentes – Estudo e Projecto de Lei-Quadro*, Coimbra, 2003.

Nabais, José Casalta, *Os Direitos Fundamentais na Constituição Portuguesa*, Boletim do Ministério da Justiça, 400, 1990.

Nespor, Stefano e De Cesaris, Ada Lucia, *La internet e la legge*, 2ª Edição, Milão, 2001.

Netanel, Neil Weinstock, *Cyberspace Self-Government: A Skeptical View from Liberal Democratic Theory* California Law Review, 88, 2000.

Neves, A. Castanheira, *O actual problema metodológico da interpretação jurídica*, I, Coimbra, 2003.

Nigro, Mário, *Formazione socialli, poteri privati e libertà del terzo*, Prática del Diritto, 1975.

Novais, Jorge Reis, *As restrições aos Direitos Fundamentais não expressamente autorizados pela Constituição*, Coimbra Editora, Coimbra, 2003.

Otero, Paulo, *A Democracia Totalitária – Do Estado Democrático à Sociedade Totalitária, A Influência do Totalitarismo na Democracia do Século XXI*, Cascais, 2001.

Paschke, Marian, *Medienrecht*, Berlin, 1993.

Pereira, José Matos, *Normas Técnicas e Normas de Execução Automática na Nova Ordem Jurídica da Sociedade de Informação*, Universidade Autónoma, policopiado, 1998.

Piette-Coudol, Thierry e Bertrand, André, *Internet et la Loi*, Paris, 1997.

Pinto, Paul Mota, *Sobre Alguns Problemas Jurídicos da Internet* in António Pinto Monteiro (coord.), *As telecomunicações e o Direito na Sociedade da Informação*, Instituto Jurídico da Comunicação, Coimbra, 1999.

Ridolfi, Claudia, *Persona e Mass Media – La tutela della persona nelle trasmissioni televisive tra autonomia contrattuale e diritti fondamentale*, sem data.

Rotunda, Ronald D. e Nowak, John E., *Treatise on Constitutional Law, Substance and Procedure*, 3ª Edição, IV, St. Paul, Minnesotta, 1999.

Smith, Bradford, *The Third Industrial Revolution: Law and Policy for the Internet*, Recueill des Cours, 282, 2000.

Sousa, Nuno e, *A Liberdade de Imprensa*, Coimbra, 1984.

Sousa, Rabindranath Capelo de, *Conflitos entre a Liberdade de Imprensa e a Vida Privada*, AB UNO AD OMNES – 75 Anos da Coimbra Editora, Coimbra, 1998.

Tribe, Laurence, *American Constitutional Law*, New York, 1988.

ÍNDICE

Nota Prévia 7

Introdução 9

Parte I – **O Direito e o Ciberespaço** 13

Parte II – **Liberdade de Comunicação Social** 19

Parte III – **Direito à Reserva da Intimidade da Vida Privada** 43

Parte IV – **Confronto da Liberdade de Comunicação Social e do Direito Reserva da Intimidade da Vida Privada no Ciberespaço** 55

Conclusões 97

Bibliografia 101